Veröffentlichungen
des Seminars für Internationales
Recht an der Universität Kiel.

Herausgegeben von
Theodor Niemeyer.

3. Heft.

Die französische Fremdenlegion.

Von
Hans Walter Lehmann.

München und Leipzig.
Verlag von Duncker & Humblot.
1915.

Die französische Fremdenlegion.

Eine
völkerrechtliche Untersuchung

von

Dr. jur. et rer. pol. Hans Walter Lehmann
in Frankfurt a. M.

(Veröffentl. d. Kieler Seminars f. Internat. Recht ▫ Heft 3)

München und Leipzig.
Verlag von Duncker & Humblot.
1915.

Altenburg
Pierersche Hofbuchdruckerei
Stephan Geibel & Co.

Vorwort.

Immer mehr häufen sich die Nachrichten von jungen Deutschen, die, durch Lust am Abenteuern, durch Leichtsinn oder Verzweiflung getrieben, dem heimatlichen Boden den Rücken kehrten und Dienste in der französischen Fremdenlegion nahmen. Beklagenswert wohl ohne Ausnahme ist das Motiv, das jenen Entschluß in den angehenden Legionären reifen läßt, beklagenswerter aber noch in allzu zahlreichen Fällen das Schicksal dieser Verblendeten. So darf es nicht wundernehmen, wenn immer lauter die öffentliche Meinung in Deutschland ihre Stimme erhebt, um Frankreich wegen des ganzen Instituts der Fremdenlegion anzuklagen, zugleich aber die jungen Deutschen aufs Nachdrücklichste vor dem Eintritt in die Fremdenlegion zu warnen.

Ein „Deutscher Schutzverband gegen die Fremdenlegion" hat sich in München gebildet. Der preußische Eisenbahnminister hat die Anbringung von Plakaten und Warnungen vor dem Eintritt in die französische Fremdenlegion auf den Bahnhöfen und in den Eisenbahnwagen genehmigt[1]. In Zeitungen und Zeitschriften wird die Fremdenlegion als Schandfleck moderner Kultur, als ein Verstoß Frankreichs gegen das Völkerrecht gekennzeichnet.

Die Franzosen auf der anderen Seite halten mit Nachdruck an der bestehenden Einrichtung fest und verteidigen sie nicht nur, sondern singen noch in oftmals begeisterten Tönen ihr Lob.

---

[1] Die Plakate werden vom Deutschen Wehrverein beschafft und zunächst in den Wagen aufgehängt, die nach der französischen Grenze verkehren.

Mit dieser Arbeit soll versucht werden, das Institut der Fremdenlegion im allgemeinen und in Einzelfragen vom völkerrechtlichen Standpunkt aus zu betrachten und zugleich der vom deutschen Standpunkt aus vornehmsten, aber auch diffizilsten Frage nach Möglichkeit gerecht zu werden, welche Mittel der deutschen Regierung zu Gebote stehen, um ihre Staatsangehörigen aus den Legionsfesseln wieder zu befreien [1].

[1] Die vorliegende Arbeit, zu der Herr Dr. Karl Strupp die Anregung gegeben hat, ist vor Ausbruch des Krieges abgeschlossen worden.

Inhaltsübersicht.

Grundlegung.

Hauptteil.

Ist das Bestehen der französischen Fremdenlegion mit dem Völkerrecht vereinbar?

Erstes Kapitel.

Zweites Kapitel.

Der Anwerbevertrag.

Drittes Kapitel.

Der Verwendungsbereich der Fremdenlegion.

Viertes Kapitel.

Die Gerichtsbarkeit, der die Fremdenlegionäre unterliegen.

Fünftes Kapitel.

Die Rechtsverhältnisse der minderjährigen Legionäre.

Sechstes Kapitel.

Siebentes Kapitel.

Die Naturalisation von Fremdenlegionären.

Achtes Kapitel.

Die Auslieferung von Fremdenlegionären.

Literaturverzeichnis.

Actes et Documents de la Deuxième Conférence Internationale de la Paix, La Haye, 1908.

Audinet, La nationalité française dans les colonies, in „Journal de Droit International Privé“ 1898 Nr. I et II.

v. Bar, Lehrbuch des internationalen Privat- und Strafrechts, 1892.

Beauvoir, Roger de, La légion étrangère, Paris.

Berthélemy, Traité élémentaire de droit administratif, 4. Aufl. 1906, 5. Aufl. 1914.

Billot, Traité de l'extradition, 1874.

Bleyer, Sammlung von Staatsverträgen über Angelegenheiten der Rechtspflege und der Justizverwaltung, 1912.

Bluntschli, Das moderne Völkerrecht der zivilisierten Staaten, 1872.

Bonfils-Grah, Lehrbuch des Völkerrechts für Studium und Praxis, 1904.

Bönniger, Die Bildung und völkerrechtliche Stellung der französischen Fremdenlegion, 1913.

Calvo, Le droit international, 1887—1896.

Dalloz, La nouvelle loi militaire expliquée, 1914.

Dambitsch, Die französische Fremdenlegion im Völkerrecht, in „Deutsche Juristenzeitung“ vom 15. Juni 1914.

Delius, Das Auslieferungsrecht, 1899.

Dislère, Traité de législation coloniale, 1. und 2. Aufl.

Fieffé, Histoire des Troupes étrangères au service de France, 1854.

Fieffé, Geschichte der Fremdentruppen im Dienste Frankreichs, übersetzt und fortgeführt von Symon de Carneville, 1856.

Folleville, Traité théorétique et pratique de la naturalisation, 1880.

Gidel, L'arbitrage de Casablanca, in „Revue générale de droit international public“, 1908.

Griolet-Vergé, Code administratif, 5. Aufl. 1912.

Guillois, André, Définition du fonctionnaire public, in „Revue de droit public“, 1914.

Hauriou, Précis de droit administratif, 8. Aufl. 1913.

Huber, Fortbildung des Völkerrechts, in „Öffentliches Recht der Gegenwart“, 1901.

Jellinek, Allgemeine Staatslehre, 2. Aufl. 1905.

Jellinek, System der subjektiven öffentlichen Rechte, 2. Aufl. 1905.

Jellinek, Recht des modernen Staates, 2. Aufl. 1905.

Jèze, Gaston, Année administrative, 1903, S. 223 ff.

Jèze, Gaston, Das Verwaltungsrecht der französischen Republik, in „Öffentliches Recht der Gegenwart“, 1913.
Kohler, Casablancasache, in „Zeitschrift für Völkerrecht und Bundesstaatsrecht“, 1912.
Kormann, System der rechtsgeschäftlichen Staatsakte, 1910.
Laband, Deutsches Reichsstaatsrecht, 6. Aufl. 1912.
Laband, Das Staatsrecht des Deutschen Reiches, 5. Aufl. 1911.
Laferrière, Traité de la jurisdiction administrative, 2. Aufl. 1896.
Lammasch, Auslieferungsrecht, 1898.
Lammasch, Die Rechtskraft internationaler Schiedssprüche, 1913.
Lawrence, The principals of international law, 3. Aufl. 1906.
Lebon, Das Verfassungsrecht der französischen Republik, 1909.
v. Liszt, Das Völkerrecht, 9. Aufl. 1913.
Mayer, Otto, Deutsches Verwaltungsrecht, 1895—96.
Meurer, Die Haager Friedenskonferenz. I. Bd. 1905, II. Bd. 1907.
Meurer, Klagen von Privatpersonen gegen auswärtige Staaten, in „Zeitschrift für Völkerrecht und Bundesstaatsrecht“, 1914, Bd. 8, Heft 1.
Meyer-Anschütz, Lehrbuch des deutschen Staatsrechts, 6. Aufl. 1905.
Moch, Gaston, La Question de la légion étrangère, 1914.
Niemeyer, Der Zwischenfall von Casablanca und das Völkerrecht, in „Deutsche Juristenzeitung“ vom 15. Oktober 1908.
Niemeyer-Strupp, Jahrbuch des Völkerrechts, 1913.
Olivier, Edouard, De l'occupation d'un territoire ennemi, 1913.
Oppenheim, International Law, A Treatise, 2. Aufl. 1912.
Poimiro, La légion étrangère et le droit international, 1913.
Poimiro, La légion étrangère au point de vue juridique et les critiques allemandes, in „Journal de droit international privé“, 1914.
Protokolle der Sitzungen des Schiedsgerichts, das in Ausführung des am 10. Nov. 1908 unterzeichneten Protokolls und des Schiedsvertrages vom 24. Nov. 1908 gebildet worden ist.
Reven, In der Fremdenlegion. Eine sozialpolitische, völkerrechtliche und weltpolitische Untersuchung.
Robin, Reymond, Des occupations militaires en dehors des occupations de guerre, 1913.
v. Rönne, Das Staatsrecht der Preußischen Monarchie, 2. Aufl. 1876—1877.
Rolland, La situation juridique des engagés de la légion étrangère, in „Revue de droit public“, 1908.
Rougier, Antoine, La Théorie de l'intervention d'Humanité, in „Revue générale de droit international public“, 1910.
Rosen, In der Fremdenlegion. Erinnerungen und Eindrücke.
Roux, L'incident de Casablanca, in „Revue critique de la législation et de jurisprudence“, 1908.

Saint-Aubin, L'extradition et le droit extraditionel, 1913.
Stengel-Fleischmann, Wörterbuch des deutschen Staats- und Verwaltungsrechts, 2. Aufl. 1911.
Strupp, Urkunden zur Geschichte des Völkerrechts, 1911.
Triepel, Völkerrecht und Landesrecht, 1899.
Ullmann, Völkerrecht, (Neubearbeitung) 1908.
Weiß, André, Affaire des déserteurs de Casablanca (Mémoire présenté par le gouvernement de la République Française), 1909.
Zachariä-Crome, Handbuch des französischen Zivilrechts, 1909.

Grundlegung.

§ 1.
Geschichtlicher Überblick über die Fremdentruppen in Frankreich vor Gründung der Fremdenlegion.

Die Verwendung von Fremdentruppen in Frankreich datiert von dem Jahre 1185 an und war bis zur Einführung der allgemeinen Wehrpflicht durch die französische Revolution eine innere Notwendigkeit. Philipp August, der im Jahre 1185 das Aufgebot, das Ludwig VI. zur Verteidigung der königlichen Rechte gegen den anmaßenden Adel gesammelt hatte, auflöste, gewährte den Eintritt in das neuzugründende Kontingent Ausländern in gleicher Weise wie Franzosen. Von hier an sind die Fremdentruppen in Frankreich nicht mehr verschwunden.

Im Jahre 1284 finden wir zum erstenmale die deutschen Landsknechte unter den Fahnen Philipps des Kühnen, um gegen Arragonien zu Felde zu ziehen. Sie bildeten fortan eine Elitetruppe der französischen Könige, und ihre Zahl betrug stets mehrere Tausende. Berühmt ist die Truppe der Schweizer, deren Bildung auf das Jahr 1481 zurückgeht und die Jahrhunderte lang die Leibgarde der französischen Könige stellte. Besonders zahlreich waren die ausländischen Söldner unter Franz I., der den größten Teil der Fußtruppen aus Fremden bildete. Bei einer Gesamtstärke von 26 000 Mann waren damals nicht weniger als 16 000 Söldner Schweizer, Deutsche, Savoyer und Piemonteser.

Die Kavallerie, welche am längsten dem Einbruch fremdländischer Elemente standgehalten hatte, wurde gleichfalls immer stärker von Ausländern durchsetzt. Den Höhepunkt stellt in dieser Beziehung das Jahr 1569 dar; in der damaligen Schlacht von Moncontour befanden sich unter insgesamt 6500 Reitern nur 2000 Franzosen. Der Rest waren Schweizer und Deutsche!

Einen bedeutenden Zuwachs erfuhren die Fremdentruppen weiterhin unter Richelieu, welcher im Jahre 1635 Ungarn und Lothringer anwarb und 16 deutsche Regimenter, die ehemals dem Prinzen Bernhard von Sachsen-Weimar unterstanden, der französischen Armee einverleibte. Bis zum Ausbruch der französischen Revolution blieben die Verhältnisse im wesentlichen die gleichen. Für das Jahr 1789 ist die Zahl der fremden Söldner mit rund 40000 anzunehmen, wobei jedoch zu berücksichtigen ist, daß die gesamte französische Streitmacht damals schon etwa 140000 Mann betrug.

Mit der Proklamierung der allgemeinen Wehrpflicht durch die französische Revolution war das Bedürfnis nach Fremdentruppen fortgefallen. Fortan sollte jeder Bürger sein Vaterland in der Stunde der Gefahr mit den Waffen in der Hand schirmen. Die Einstellung von fremdländischen Truppenteilen widersprach dem demokratischen Prinzip. Folgerichtig erklärte die Nationalversammlung, daß die französische Armee in Zukunft sich ausschließlich aus Franzosen zusammensetzen müsse, und dekretierte am 21. Juli 1791 auf Anregung Broglies, daß das 96., ehemalige Nassauische Regiment, sowie alle unter der Bezeichnung „Deutsche, Irländische usw. Infanterie" bestehenden Regimenter der französischen Armee einverleibt würden und mit ihr ein einziges Ganze bilden sollten.

Nur die Schweizer waren ausgenommen und sollten in der bisherigen Weise als Sondertruppe fortbestehen. Erst nach ihrer heldenmütigen Verteidigung der Tuilerien im Kampf gegen den französischen Pöbel und dem anschließenden furchtbaren Blutbad wurde das Schicksal der Schweizer dadurch besiegelt, daß am 20. August die Nationalversammlung ein Dekret erließ, wonach die schweizerischen Regimenter aufhörten, in Frankreichs Diensten zu stehen. — Wer wollte, konnte sich in die französischen Regimenter einreihen lassen; die meisten Schweizer kehrten aber nach ihrer Heimat zurück.

Man hätte erwarten dürfen, daß damit Frankreich ein für allemal sich von der Einstellung fremder Kontingente freigemacht hätte. Leider war die weitere Entwicklung der Erreichung dieses Zieles nicht günstig.

Der gewaltige Taumel, in den ein großer Teil der französischen Nation durch die Umstürzung aller bestehenden Rechtsordnungen, durch die Größe der neuen Ideen versetzt worden war, bewirkte, daß das Nationalbewußtsein durch kosmopolitische Illusionen zurückgedrängt wurde. Die Gironde beschloß, „den unterdrückten Völkern, die nach Freiheit schmachteten, zu Hilfe zu eilen“, und schuf sich damit selbst die Notwendigkeit, von neuem Fremde anzuwerben. Zugleich begünstigte der Gedanke einer allgemeinen Verbrüderung das scharenweise Zuströmen von fremdländischen Elementen.

Am 20. April 1792 verkündete die Gesetzgebende Versammlung, daß die französische Nation alle Fremden aufnehme, welche, die Sache ihrer Feinde abschwörend, sich unter ihren Fahnen sammeln wollten. Die Wirkung blieb nicht aus. Zuerst bildete sich die „Lütticher Legion“, es folgte die „Belgische Legion“. Am 1. August 1792 wurde die „Légion franche étrangère“ errichtet, welche Franzosen überhaupt nicht aufnahm. Am 4. September 1792 wurde die „Germanische Legion“ gegründet, etwas später unter dem Konvent die „Batavischen Legionen“ und die „Müllerschen Jäger“. Unter dem Direktorium schritt diese Entwicklung fort und es entstanden die „Italienischen und Polnischen Legionen“, sowie die „Francs du Nord“, in deren Reihen hauptsächlich Rheinländer Aufnahme fanden. Auch Schweizer wurden wieder zu Tausenden angeworben, so daß deren Zahl allmählich auf 16000 Mann stieg.

Den Höhepunkt erreichte die Zahl der fremdländischen Kontingente unter Napoleon, der mit unnachsichtiger Strenge in allen okkupierten Gebieten die Konskription der wehrfähigen Jugend anordnete. Daneben bildete er noch Regimenter aus Deserteuren und Freiwilligen nichteroberter Länder. Aber die Qualität dieser Fremdentruppen entsprach nicht ihrer für die damaligen Verhältnisse außerordentlichen Quantität. Napoleon selbst mußte es in der Zeit nach 1810 nur zu deutlich erkennen und entließ nach und nach zahlreiche fremdländische Truppenteile.

Mit dem Sturz Bonapartes wurde die Beibehaltung der gewaltigen Armee ohnehin unnütz und undurchführbar. Die Bourbonen entließen sämtliche fremden Soldaten mit Ausnahme der Schweizer.

Von Elba zurückgekehrt rief Napoleon nochmals die entlassenen Fremdentruppen zusammen und bildete in aller Eile acht Regimenter aus ihnen. Er kam jedoch nicht dazu, sie ins Treffen zu führen. Diese acht Regimenter wurden durch Ordonnanz vom 16. September 1815 aufgelöst, gleichzeitig aber eine besondere Truppe, die „Légion royale étrangère“, geschaffen, um diejenigen, welche unter französischer Fahne bleiben wollten, aufzunehmen. Dieses Kontingent erhielt 1816 nach seinem Führer den Namen „Légion Hohenlohe“ und wurde 1830 dem 21. leichten Infanterieregiment einverleibt. Die Schweizer, welche noch in französischen Diensten standen, wurden entlassen und kehrten nach der Schweiz zurück. Zugleich wurde bestimmt, daß künftig Fremdentruppen nur auf Grund Gesetzes in französische Dienste aufgenommen werden sollten. Hiermit war wieder das Ziel erreicht, daß die französische Nation aus eigener Kraft ohne fremde Hilfe ihr Vaterland in der Stunde der Gefahr schützen würde.

Allein dieser Zustand war nicht von Dauer. Wie schon im Jahre 1791, glaubte auch diesmal das französische Volk fremder Unterstützung nicht entraten zu können. Die Fremdenlegion wurde gegründet. Frankreich hat gewiß keinerlei Grund, stolz darauf zu sein, daß es sich schon nach Jahresfrist von neuem zur Bildung eines Fremdenkontingents veranlaßt sah.

§ 2.

Die Gründung der französischen Fremdenlegion.

I. Die Gründe, die zur Errichtung der Fremdenlegion führten.

Die Gründe, welche zur Errichtung der französischen Fremdenlegion im Jahre 1831 führten, sind verschiedener Natur. Einmal verschloß man sich nicht dem Vorteil, den ein Fremdenlegionär in jedem Fall bringt. Er wiegt, wie Choiseul [1] sagte, drei Soldaten auf: erstens einen, der dem Feind genommen wurde, zweitens einen weiteren Krieger, der für das französische Heer gewonnen ist, und drittens einen wehrfähigen Franzosen, der, durch den Fremden ersetzt, seinem Berufe nachgehen kann. Dazu kam, daß der Gedanke einer Fremdentruppe für Frankreich nichts Neues war. Den Ausschlag aber gaben politische Momente.

---

[1] Vgl. Poimiro, La Légion étrangère et le droit international, S. 32.

Das Verhältnis Frankreichs zu Algier, welches schon seit langem durch französische Kolonisten, namentlich Korallenfischer, besiedelt war, hatte sich in der Zeit der französischen Revolution immer unerfreulicher gestaltet. 1827 kam es zu offenem Bruch und Frankreich sah sich genötigt, sofern es Algier nicht aufgeben wollte, mit Waffengewalt seine Stellung zu behaupten. Philipp August fand jedoch weder bei seinen Generalen noch auch im Volke Unterstützung für seine Pläne. Das Volk insbesondere war dem König aus innerpolitischen Gründen feindlich gesinnt und der Verlaß auf die heimischen Truppen daher kein unbedingter. Die Fremdentruppen hingegen mischten sich nicht in die inneren Streitigkeiten Frankreichs ein. Dem König war unter den obwaltenden Umständen ein glücklicher Feldzug zur Stärkung seiner Macht doppelt willkommen. Es war somit ein Akt des in seiner Machtstellung bedrängten Königs, der das Gesetz vom 9. März 1831 veranlaßte, durch welches von neuem eine „Légion étrangère" ins Leben gerufen wurde.

II. Die Organisation und Zusammensetzung der Fremdenlegion.

Grundlegend für die Organisation der Fremdenlegion ist die Ordonnanz vom 10. März 1831. Ihre Bestimmungen sind im wesentlichen bis zum heutigen Tage in Kraft geblieben. Die wichtigsten sind folgende [1]:

Art. 1: Es soll eine aus Fremden zusammengesetzte Legion gebildet werden. Diese Legion wird den Namen Fremdenlegion führen.

Art. 2: Die Bataillone sollen dieselbe Formation erhalten, wie die Bataillone der französischen Linieninfanterie, mit der alleinigen Ausnahme, daß sie keine Elitekompagnien erhalten.

Jede Kompagnie wird, so viel als möglich, aus Leuten derselben Nation und derselben Sprache zusammengesetzt werden.

Art. 3: Sold, Monturgebühren und Administration wird bei der französischen Fremdenlegion gleich mit den französischen Regimentern gehalten.

---

[1] Siehe Fieffé, Geschichte der Fremdentruppen II S. 481.

Die Uniform ist blau mit einfachen krapproten Vorstößen, Pantalon von gleicher Farbe; die Knöpfe gelb mit der Aufschrift: „Légion étrangère".

Art. 4: Jeder Fremde, der in die Fremdenlegion eintreten will, kann erst darin aufgenommen werden, wenn er vor einem Militär-Unterintendanten ein freiwilliges Engagement kontraktmäßig eingegangen hat.

Art. 5: Die Dauer der Anwerbung wird mindestens auf drei und höchstens auf fünf Jahre festgesetzt.

Art. 6: Das Mindestalter wird auf 18 Jahre, das Höchstalter auf 40 Jahre festgesetzt[1].

Es folgen noch Bestimmungen über die Vorlage des Geburtszeugnisses, des Sittenzeugnisses und des Militärtauglichkeitszeugnisses bei der Anwerbung.

Eine Fortbildung der Ordonnanz vom 10. März 1831 ist die Ordonnanz vom 14. September 1864, ohne indes nennenswerte Änderungen zu bringen. Seit dem Dekret vom 2. Mai 1904 lauten die Anwerbeverträge stets auf fünf Jahre, die Verlängerungsverträge auf ein bis fünf Jahre. Der Abschluß der Verträge erfolgt unentgeltlich. Die Beförderungsverhältnisse, welche durch die Ordonnanz vom 16. März 1838 geregelt sind, müssen als sehr ungünstig bezeichnet werden. Die Besoldung ist die gleiche, wie die der französischen Soldaten, und beträgt einen Sou pro Tag, eine lächerlich geringe Vergütung im Vergleich zu der außerordentlichen physischen Ausbeutung der Legionäre. Der große Unterschied zwischen einem jungen Franzosen, der als Staatsbürger militärisch ausgebildet wird, um im Notfall sein Vaterland verteidigen zu können, und einem Legionär, dem die fünf Jahre Legionsdienst Selbstzweck sind, der also einen Anspruch darauf haben müßte, nach fünf Jahren mühevollen Dienstes eine Frucht seiner langen Arbeit zu sehen, ist gänzlich unberücksichtigt gelassen.

Gleich traurig ist es um die Pensionsverhältnisse bestellt. Wer 15 Jahre in der Legion gedient hat, bekommt eine jährliche Rente von 500 Francs. Das Erfordernis 15jährigen Dienstes

[1] Durch Erlaß des Ministerrats vom 15. Januar 1910 war die Altersgrenze zeitweilig aufgehoben worden, doch schon am 11. Februar 1911 traten die alten Bestimmungen wieder in Kraft.

ist viel zu hoch. Nur für ganz wenige können die Pensionsbestimmungen Bedeutung erlangen. Selbst von denen, die 15 Jahre zu dienen entschlossen sind, werden wiederum nur vereinzelte imstande sein, den Legionsdienst drei Lustren hindurch zu ertragen. Die meisten erliegen vorzeitig infolge von Überanstrengung und Krankheit oder werden von feindlicher Kugel hinweggerafft.

Die oft jahrelangen Strafen, die schon bei recht geringen Vergehen verhängt werden, werden nicht auf die Dienstzeit angerechnet. Rosen[1] hat geschildert, wie ein junger Legionär infolge geringfügiger Verfehlungen an Stelle der vertraglichen fünf Jahre acht Jahre und einen Monat dienen mußte.

Das Strafensystem ist überhaupt das düsterste Kapitel der Fremdenlegion. Es würde hier zu weit führen, näher darauf einzugehen. So viel sei aber doch hervorgehoben, daß schon die Art der Aburteilung, noch mehr aber die Strafen selbst und ihre Exekution jeglicher Humanität und Kultur zuwiderlaufen. Nach Willkür werden auch Unschuldige infolge Mißgunst ihrer Vorgesetzten bestraft, in den sogenannten Strafbataillonen wird die Gesundheit der Legionäre ausnahmslos für immer untergraben. Die Legionsgefängnisse bestehen aus Massenzellen, in die weder Luft noch Licht dringen kann, die in unbeschreiblicher Weise überfüllt und verunreinigt sind[2].

Die rechtliche Würdigung aller angeführten Momente, insbesondere der Organisationsdekrete wird an späterer Stelle folgen. Hier sollen zunächst noch einige Angaben über die Organisation und Zusammensetzung der Legion folgen, die als Grundlage für die späteren juristischen Betrachtungen unerläßlich sind.

Seit Napoleons III. Dekret vom 16. April 1856 bestehen zwei Regimenter, die die Bezeichnung „Premier régiment étranger“ und „Deuxième régiment étranger“ führen und in Sidi-bel-Abbès bzw. Saida stationiert sind. Daneben gibt es noch detachierte Bataillone. Die Gesamtzahl der Legionäre schwankt zwischen 12000 und 14000 Mann.

---

[1] Vgl. Rosen, In der Fremdenlegion, S. 255.

[2] Ich verweise auf Rosen S. 241 ff. und die ständigen Berichte der Tagespresse.

Auch Franzosen können in der Fremdenlegion dienen, vorausgesetzt, daß sie zuvor ihrer Militärpflicht in Frankreich genügt haben[1]. Das Gros der Legion besteht naturgemäß aus Ausländern und leider zum großen Teil aus Deutschen. Beauvoir gibt das Nationalitätenverhältnis für das Jahr 1885 folgendermaßen an:

Elsässer	45 %	57 %
Deutsche	12 %	
Schweizer	8 %	
Belgier	7 %	
Franzosen	5 %	
Spanier	5 %	
Italiener	5 %	
Österreicher	5 %	
Holländer	4 %	
verschiedene Staaten	5 %	

Damals war also über die Hälfte aller Legionäre deutscher Herkunft. Man ist geneigt, auf Grund der fortwährenden Nachrichten der Presse auch heute noch ein entsprechendes Verhältnis anzunehmen. Indessen nach einer Statistik, welche in dem soeben erschienenen Werke von Gaston Moch, „La question de la Légion Étrangère“ enthalten ist, würde sich in dieser Beziehung ein erfreulicher Wandel zum Besseren vollzogen haben. Mochs Angaben stützen sich für das erste Fremdenregiment auf einen Artikel von Stéphane Lausanne, für das zweite Fremdenregiment auf die Mitteilungen des Obersten Passard, Kommandanten des zweiten Regiments[2]. Danach stellte sich das Nationalitätenverhältnis für die beiden Fremdenregimenter zusammengenommen am 1. August 1913 folgendermaßen dar:

Franzosen	45,2 %	
Elsaß-Lothringer	6,7 %	24,3 %
Deutsche	17,6 %	
Belgier	7,4 %	

[1] Ausnahmsweise können auch junge Franzosen, welche ihrer Militärpflicht noch nicht genügt haben, auf fünf Jahre zum Dienst „au titre français exceptionnel“ zugelassen werden. (Instruction ministérielle vom 20. Februar 1902.)

[2] Vgl. Moch a. a. O. S. 142.

Schweizer	5,9 %
Italiener	4,5 %
Spanier	2,5 %
Russen	1,1 %
Luxemburger	0,7 %
Tunesier Marokkaner	1,7 %
Österreicher Holländer Amerikaner Ungarn Türken u. versch. andere.	6,5 %

Ein absolut richtiges Bild wird freilich durch diese Zusammenstellung nicht geboten, denn einmal sind in der Zahl der Franzosen diejenigen Ausländer inbegriffen, welche erst während des Legionsdienstes französische Staatsangehörigkeit angenommen haben. Die Zahl der jährlich naturalisierten Legionäre fremder Staatsangehörigkeit ist durchschnittlich für jedes der beiden Regimenter auf 140 anzunehmen [1]. Außerdem geben sich häufig Franzosen für Belgier, Deutsche, die nicht dem Reichsland entstammen, für Elsaß-Lothringer oder Österreicher aus. Da die Zahl der deutschen Legionäre nach Mochs Aufstellung sich gegenüber der vorerwähnten Aufstellung aus dem Jahre 1885 etwa um die Hälfte vermindert hätte, darf man immerhin glauben, daß die Zahl der Fremdenlegionäre deutscher Staatsangehörigkeit gegen früher nicht unwesentlich zurückgegangen ist und die ununterbrochenen Warnungen und Aufklärungsversuche der maßgebenden deutschen Stellen, sowie der deutschen Presse nicht wirkungslos verhallt sind.

Das Menschenmaterial der Legion ist erklärlicherweise nicht das beste. Deserteure anderer Staaten, flüchtige Verbrecher birgt die Legion in Menge. Aber in kriegerischer Beziehung hat sie sich zu allen Zeiten Anerkennung zu erringen vermocht. In Algier wie in spanischen Diensten, im Kampf gegen die Karlisten, in den mörderischen Schlachten des Krimkrieges, bei

[1] S. Moch a. a. O. S. 140.

der Niederwerfung der Kabylen, nicht minder unter Napoleon in Oberitalien und Mexiko hat sie in blutigem Ringen den Sieg an ihre Fahnen geheftet. Im Deutsch-Französischen Krieg wurde sie zum erstenmal auf französischer Erde verwandt, nur die Deutschen hatte man eliminiert und in Algier zurückgelassen. Cochinchina, Madagaskar und Marokko bilden bis heute ihre letzten Ruhmesblätter. Auf ihre Verwendung in Marokko wird an späterer Stelle bei Erörterung der Casablanca-Affaire zurückzukommen sein.

Hauptteil.

Ist das Bestehen der französischen Fremdenlegion mit dem Völkerrecht vereinbar?

Erstes Kapitel.

§ 3.

Hat Frankreich das Recht zur Anwerbung fremder Staatsangehöriger?

Die Anwerbung fremder Truppen ist in Frankreich, wie in der Einleitung ausgeführt wurde, zu allen Zeiten Brauch gewesen. Auch andere Länder sind in gleicher Weise verfahren. Schon aus diesem Grunde wird man Frankreich aus der bloßen Tatsache, daß es Fremde in den Militärdienst aufnimmt, kaum einen Vorwurf machen können [1]. Daß dieses Recht jedem Staate zusteht, ergibt sich auch aus Art. 23 des Landkriegsrechtsabkommens der Zweiten Haager Konferenz [2].

Es kommt hinzu, daß, wie allgemein bekannt ist, die Geburtenziffer in Frankreich in stetem Rückgang begriffen ist. Ohne Zweifel muß diese Tatsache die Hüter der Landesverteidigung mit banger Sorge erfüllen. Man wird es aus diesen Gesichtspunkten heraus dem westlichen Nachbar nicht verübeln dürfen, wenn er Fremde in Sold nimmt. Daß aber französische Schriftsteller [3] in Umkehrung der tatsächlichen Verhältnisse in dieser Anwerbung nun ihrerseits eine Kulturtat erblicken wollen, da Frankreich den hilflos Verlassenen eine Existenz biete, wird bei jedem objektiv Denkenden Mißmut erregen müssen.

[1] Vgl. Laband, Das Staatsrecht des Deutschen Reiches S. 128.

[2] Vgl. Art. 23 letzter Absatz, wonach nur der Zwang zur Aktion gegen den eigenen Staat verboten ist. S. den Text bei Strupp, Urkunden zur Geschichte des Völkerrechts 2. Bd. S. 450.

[3] Vgl. Rolland, Revue du droit public, 1908, S. 596 ff.; Poimiro a. a. O. S. 239.

Recht bedenklich erscheint es ohne Frage, wenn Frankreich Deserteure fremder Länder anwirbt, was leider keinen Ausnahmefall bildet[1]. Schon bei Gründung der Fremdenlegion wurde anläßlich der Beratung des Dekretes vom 9. März 1831 dieses Bedenken in der Kammer der Pairs von dem General Grafen v. Ambrujeac vorgebracht, der sich mit größter Entschiedenheit gegen die Zulassung von Deserteuren aussprach. Allein nur wenige Mitglieder der Kammer standen in ihrer Denkungsweise hoch genug, ihm beizupflichten. Die Franzosen suchen heute ihre Stellungnahme mit dem Hinweis zu rechtfertigen, daß jedes Land selbst die notwendigen Maßnahmen treffen müsse und ja auch treffe, um zu verhüten, daß seine Staatsangehörigen sich der Wehrpflicht entziehen[2]. Frankreich habe es nicht nötig, für das Ausland den Gendarmen zu spielen. Man wird es bedauern, daß Frankreich in dieser Frage einen Standpunkt einnimmt, der den Begriffen moderner Loyalität wenig entspricht. Aber es erscheint nicht angängig, hierin einen Verstoß gegen die Maximen des Völkerrechts zu erblicken. Man wird vielmehr Frankreich das Werberecht uneingeschränkt zugestehen müssen.

§ 4.

Läuft die Legion den Begriffen moderner Humanität zuwider?

Es erhebt sich weiterhin die Frage, ob nicht trotzdem das Bestehen der Fremdenlegion in ihrer heutigen Form rechtswidrig ist. Die Martenssche Klausel[3] spricht von „Grundsätzen des Völkerrechts, wie sie sich herausgebildet haben aus den unter gesitteten Staaten geltenden Gebräuchen, aus den Gesetzen der Menschlichkeit und aus den Forderungen des

[1] In diesem Punkt weicht die niederländische Fremdenlegion vorteilhaft von der französischen ab. In den Bestimmungen der ersteren heißt es: Sont exclus de tout engagement:

1) les déserteurs,
2) les personnes émigrés à cause d'un délit politique,
3) ceux qui ont quitté le service militaire, soit d'une manière non honorable, soit à cause d'infirmités.

[2] Vgl. Art. 21 Code civil; §§ 140, 141 Reichsstrafgesetzbuch; §§ 64, 65, 68, 69 Militärstrafgesetzbuch.

[3] Vgl. Meurer, Haager Friedenskonferenz II S. 46 und 86 ff.

öffentlichen Gewissens“ [1]. Was zunächst die „unter gesitteten Völkern feststehenden Gebräuche“ betrifft, so wird man schwerlich behaupten können, daß die Fremdenlegion diesen widerspreche. Dieser Vorwurf wird durch die tatsächliche Existenz der Fremdenlegion widerlegt. Man wird nicht einwenden können, daß das Bestehen der Fremdenlegion deutschen Gebräuchen und Sitten, ja selbst den Sitten aller Kulturvölker, außer Frankreich, zuwiderlaufe. Die Franzosen werden mit Recht erwidern, diese Sitten seien für sie nicht zwingend. Hält Frankreich selbst — und seine Schriftsteller versichern es ausnahmslos — das Institut der Fremdenlegion nicht für sittenwidrig, so kann es auch nicht sittenwidrig sein, denn eine allgemein giltige Sittennorm gibt es nicht. *Französische Einrichtungen sind ausschließlich nach französischer Sitte zu beurteilen.*

Daß aber darum die Anwerbung eines einzelnen Legionärs im Spezialfall nicht doch gegen die guten Sitten verstoßen könne, ist damit natürlich nicht gesagt.

Mit Entschiedenheit muß allerdings immer wieder betont werden, daß die Verhältnisse in der Fremdenlegion den Gesetzen der Menschlichkeit widersprechen. Das Leben der Legionäre, die Ausbeutung ihrer Kraft, der lächerlich geringe Sold, die gänzlich unzureichenden Pensionsverhältnisse, die grausame Härte der Strafen lassen dies mit Deutlichkeit erkennen. Aber wie sehr sich auch das Ausland darüber empören mag, ein Mittel zum Eingreifen wird es kaum finden. Eine Intervention aus Humanität ist dem Völkerrecht fremd [2].

Zweites Kapitel.

Der Anwerbevertrag.

§ 5.

Seine rechtliche Natur.

Von sämtlichen Rechtsfragen, die das Institut der französischen Fremdenlegion gestellt hat, ist keiner so viel Beachtung

---

[1] Vgl. Meurer, Die Haager Friedenskonferenz, II. Bd. S. 47.

[2] Vgl. dazu Antoine Rougier in Revue générale de droit international public 1910 S. 468 ff.

geschenkt worden, wie der Frage nach der rechtlichen Natur der Anwerbeverträge, d. h. der Verträge, welche die angehenden Legionäre vor der französischen Anwerbekommission unterzeichnen.

Die Gegner der Legion erklären, die Einstellung der Legionäre erfolge auf Grund eines privatrechtlichen Dienstvertrages und knüpfen daran weitgehende Folgerungen vom Standpunkt des Privatrechts.

Die gegenteilige Ansicht, der sich auch die französische Regierung anschließt, nimmt an, der Anwerbevertrag sei ein öffentlich-rechtlicher Vertrag.

Daneben fehlt es nicht an Theorien, welche ein reines Vertragsverhältnis überhaupt verwerfen. Sie erblicken teils in dem Legionsvertrag ein negotium sui generis, das nur vertragliche Elemente enthalte und im wesentlichen einen Akt der Souveränität darstelle, teils vergleichen sie den Fremdenlegionär dem französischen Beamten, der durch rein einseitigen Akt des Staates angestellt ist.

Im folgenden sollen diese Theorien kritisch gewürdigt werden.

1. Die Theorie des privatrechtlichen Dienstvertrags.

Daß der Anwerbevertrag des französischen Fremdenlegionärs lediglich privatrechtliche Dienstmiete und demzufolge ausschließlich nach privatrechtlichen Grundsätzen zu beurteilen sei, ist die Ansicht der deutschen Regierung. Sie ist von ihr anläßlich der Casablanca-Affaire scharf zum Ausdruck gebracht worden. Die deutsche Regierung stützte ihre Ansicht in erster Linie auf Niemeyers Ausführungen [1]. Letzterer vertritt die Auffassung, daß die Fremdenlegionäre zu ihren Kommandobehörden nicht im Verhältnis staatsrechtlicher Militärpflicht stehen, sondern lediglich privatrechtlich durch Kapitulationsvertrag in den Militärdienst eingestellt seien. Die französische Gesetzgebung habe allerdings den Fremdenlegionären über den Dienstvertrag hinausgehende gesetzliche Verpflichtungen militärischen Charakters auferlegt. Aber diese gesetzlichen Bestimmungen hätten — internationalrechtlich betrachtet — nur für den international-

[1] Vgl. Niemeyer, Der Zwischenfall von Casablanca und das Völkerrecht in DJZ. v. 15. Oktober 1908, S. 1 ff.

rechtlich anerkannten Anwendungsbereich des französischen Militärrechts Geltung. Dieser Anwendungsbereich beschränke sich hinsichtlich der Legionäre, die nicht Franzosen seien, auf das französische Territorialgebiet.

Hiervon ist die deutsche Regierung in ihrem „Schriftsatz zu den Streitfragen, welche durch die am 25. September 1908 in Casablanca vorgekommenen Begebenheiten hervorgerufen sind“, ausgegangen.

Sie führt weiter aus, die jungen Leute vermieteten sich durch privatrechtlichen Dienstvertrag gegen Sold auf eine bestimmte Zeit, brauchten nicht Angehörige der französischen Republik zu werden und könnten nach Ablauf ihrer Dienstzeit gehen, wohin es ihnen beliebe, ohne daß sie zu der französischen Republik in irgendwelchen Beziehungen blieben. Dieses privatrechtliche Verhältnis sei in der Heimat der Fremdenlegionäre lediglich nach dem heimatlichen Rechte, für Deutsche also nach deutschem Rechte zu beurteilen. Nach deutschem Recht sei aber ein solcher Vertrag eines Deutschen, jedenfalls solange als dieser in Deutschland wehrpflichtig sei, von vorneherein ungiltig.

Die hier geltend gemachten Gründe sind nicht die einzigen, die der Theorie des privatrechtlichen Dienstes als Grundlage zu dienen geeignet sind. — Es kommt noch mancherlei hinzu. Zunächst kommt der angehende Legionär aus freier Entschließung auf das französische Werbebureau; ebenso, wie wenn ein Arbeiter bei einer Fabrik um Arbeit fragt. — Die Legion hat dauernd Verwendung für neue Kräfte. Es liegt von ihrer Seite eine ständige Offerte vor. Daß der französische Staat eine Offerte macht und nicht etwa zur Offerte auffordert, ist um deswillen anzunehmen, weil der abzuschließende Anwerbevertrag genau nach dem von der französischen Regierung aufgestellten Schema eingegangen werden muß, der angehende Legionär also nur zu erklären hat, ob er diese Bestimmungen, die ein für allemal giltig sind, annehme. Hier zeigt sich schon, daß der Vergleich mit dem gewöhnlichen Arbeitsvertrag nicht vollständig stimmt. Bei letzterem wird regelmäßig über einzelne Vertragspunkte noch verhandelt werden können, z. B. ob der Lohn etliche Pfennige pro Stunde höher oder niedriger sein werde, als ihn die Fabrik zahlen will bzw. der Arbeiter ihn fordert. Jeder Fall hat in mehr oder weniger zutage tretender Form den Charakter der Spezialofferte. Das ist bei der Fremdenlegion kraft des Dekrets vom 10. März 1831 ausgeschlossen[1]. Natürlich läßt sich diese gesetzliche Bestimmung nicht damit vergleichen, wenn hier und dort der Staat aus sozialpolitischen Gründen einen Mindestlohn festgesetzt hat, um die Ausbeutung der unbemittelten Arbeiter durch gewissenlose Unternehmer zu verhüten. Hier ist ja der Staat selbst Arbeitgeber. Das vorgebrachte Bedenken zeigt schon, daß wenn es sich überhaupt um einen privatrechtlichen Dienstvertrag handelt, doch jedenfalls eine außergewöhnliche Einwirkung öffentlich-rechtlicher Art auf den Privatvertrag nicht zu leugnen ist.

Das Gleiche ergibt sich ohne weiteres aus einem Vergleich mit den zahlreichen Fällen des täglichen Lebens, wo der Staat als Bauherr, Porzellanfabrikant u. dgl. durch zivilistischen Dienstvertrag Leute verpflichtet. In diesen Fällen stehen sich Staat und Angestellte als gleichgestellte Kontrahenten, durch Privatvertrag gebunden, gegenüber. Aber auf das Verhältnis des Legionärs zu dem französischen Staat trifft das nicht zu.

Wenn ein Arbeitgeber einen Arbeiter anwirbt, so verpflichtet er sich regelmäßig als einzige Gegenleistung zur Zahlung des Lohnes. — Der französische Staat übernimmt dem Fremdenlegionär gegenüber nicht nur viel weitergehende, sondern doch offensichtlich ganz anders geartete Verpflichtungen. Er weist dem Legionär seine Wohnung an, er kleidet ihn, gibt ihm Nahrung, führt Tag und Nacht die Aufsicht über ihn, verpflegt ihn im Krankheitsfall und trägt Sorge für seine Bestattung im Todesfall. Handelt letzterer den festgesetzten Bestimmungen zuwider, so entsteht nicht ein Schadensersatzanspruch, sondern eine öffentliche Strafbefugnis des Arbeitgebers.

Noch deutlicher tritt die wenig zivilistische Natur des Vertragsverhältnisses zutage, wenn man die Pflichten des Legionärs untersucht. Der gewöhnliche Arbeiter hat seine Arbeit zu leisten; nicht länger als beispielsweise acht Stunden darf sie in Anspruch genommen werden. — Der Legionär hat ganz unvergleichlich mehr Pflichten, und die Dauer seiner Arbeitszeit ist nicht gewährleistet. Wenn es dem Staat — Arbeit-

[1] Vgl. die Bestimmungen des Dekretes vom 10. März 1831. (S. 5 der Abhandlung.)

geber — beliebt, veranstaltet er ein 14tägiges Manöver, während dessen der Arbeiter — im zivilrechtlichen Sinn — überhaupt nicht die Arbeitsstätte verlassen darf. — Der Legionär untersteht einer Dienstaufsicht, welche dem Privatvertrag ganz und gar fremd ist. Er kann nicht wohnen, wo er will. Er muß in der Kaserne schlafen, mehr Raum als ihm zugeteilt ist, darf er nicht bewohnen. Er muß essen und trinken, was ihm der Staat gibt. — Daß er zur Essenszeit, welche doch zweifellos dienstfrei ist, sich entfernte, um nach seinem Belieben sich ein Mittagbrot zu verschaffen, ist ausgeschlossen. Höchstens, daß abends dem Legionär ein Urlaub gewährt wird. Ein Anrecht, ihn zu verlangen, hat dieser Arbeiter nicht. Es ist eine Belohnung für den Legionär, der seine Pflichten brav erfüllt hat. Alle aufgeführten Momente weisen auf ein militärisches Verhältnis hin [1]. Soldaten sind aber nicht durch privatrechtlichen, sondern durch öffentlichrechtlichen Vertrag verpflichtet. Seinen Vorgesetzten gegenüber befindet sich der Legionär nicht nur in dem Abhängigkeitsverhältnis, das ein niederer Angestellter dem höheren Angestellten gegenüber hat, sondern, wie bei allen Soldaten, findet sich an dessen Stelle ein strenges Untergebenenverhältnis mit weitgehender Gehorsamspflicht; dazu eine umfangreiche Strafbefugnis des Vorgesetzten, die bei einem zivilrechtlichen Vertrag in dieser Ausdehnung, namentlich was die Art der Strafen anbelangt, absolut undenkbar ist.

Diese Ausführungen dürften genügen, um das zu beweisen, worauf es zunächst ankam: Der Fremdenlegionär ist kein zivilrechtlich verpflichteter Arbeiter, sondern ein französischer Soldat. Es läßt sich nicht leugnen, daß die Stellung, welche der französische Staat ihm zugewiesen hat, ganz offensichtlich rein soldatischen und damit öffentlichrechtlichen Charakter trägt; denn der Soldat steht in einem öffentlichrechtlichen Rechten- und Pflichtenverhältnis zum Staat.

Man könnte einwenden, daß, wenn auch das Dienstverhältnis keinen privatrechtlichen Charakter habe, doch der Anwerbevertrag privatrechtlicher Natur sein könne. Dies ist jedoch nicht denkbar. Die Natur eines Vertrages ist bestimmt durch den Inhalt des Vertrages. Ein Vertrag, der nur Verpflichtungen

---

[1] Vgl. auch Dambitsch in DJZ. vom 15. Juni 1914, S. 790.

öffentlich-rechtlicher Natur auferlegt, kann nicht selbst privatrechtlich sein.

Oder ist vielleicht von Bedeutung, daß die Form, in welcher der Vertrag zustande kommt, die gleiche ist, wie wir sie bei privatrechtlichen Verträgen gewohnt sind? Auch der Legionär unterzeichnet einen schriftlichen Vertrag. So wenig dies für eine öffentlich-rechtliche Natur spricht, so wenig spricht es auch dagegen. Das Eine allerdings scheint vom deutschen Standpunkt aus gegen ein militärisches Dienstverhältnis zu sprechen: Der Legionär leistet keinen Eid. Dieser Umstand ist deutscherseits auch als Grund für die Annahme eines privatrechtlichen Verhältnisses gewertet worden [1]. Meines Erachtens jedoch zu Unrecht. Denn die Vereidigung der Truppen ist keineswegs in allen Ländern Brauch und auch Frankreich kennt diese Einrichtuug nicht. Es bildet daher keine Besonderheit der Fremdenlegionäre gegenüber den sonstigen französischen Soldaten, daß sie keinen Fahneneid leisten.

Aus dem Fehlen der Vereidigung ein Argument gegen die Annahme eines öffentlich-rechtlichen Vertrages herzuleiten, wäre aber auch abgesehen davon nicht angängig. Denn daß die Verpflichtungsform eines fremdländischen Söldners verschieden sein muß von der des jungen Staatsbürgers, der die Wehrpflicht gegenüber seinem Vaterland erfüllt, ergibt sich aus der Natur der Sache. Die Staatsangehörigen sind zum Militärdienst verpflichtet auf Grund einer staatsbürgerlichen Pflicht. Sie brauchen daher, wenn sie ihren Dienst antreten, sich nicht erst zu verpflichten. Ihre Verpflichtung besteht schon. Sie leisten daher den Schwur, um ihre bereits bestehenden Pflichten in solenner Form zu bekräftigen [2]. Bei Soldaten fremder Staatsangehörigkeit ist die Situation eine andere. Sie müssen sich erst verpflichten. Das geschieht durch Unterzeichnung des Anwerbevertrags. Ethische Momente werden dazu veranlassen, von einem Eid hier ganz abzusehen. Er ist auch überflüssig, da der Vertrag ein genügendes rechtliches Band darstellt. Richtig ist also nur, daß ein großer Unterschied besteht zwischen der Art der Verpflichtung z. B. des deutschen Soldaten und

---

[1] Vgl. Poimiro, a. a. O. S. 218.
[2] Vgl. Meyer-Anschütz S. 511.

der des französischen Fremdenlegionärs, eine Tatsache, die natürlich nichts dagegen beweist, daß der Legionär in öffentlichrechtlichem Verhältnis zum französischen Staat steht. Denn derselbe Unterschied besteht ja, wie erwähnt, auch zwischen dem deutschen und französischen Soldaten.

Unzutreffend ist auch der von der deutschen Regierung anläßlich des Casablanca-Streits vorgebrachte Einwand, der Legionär sei privatrechtlicher Angestellter, weil er nicht Angehöriger der französischen Republik zu werden brauche. Letzteres ist kein Beweis für die privatrechtliche Natur des Anwerbevertrags und schließt einen öffentlich-rechtlichen Vertrag nicht aus. Auch Ausländer können öffentlich-rechtliche Verträge schließen.

Es wird weiterhin von Niemeyer vorgebracht: Zugegeben, daß der französische Staat den Anwerbevertrag als öffentlichrechtlichen betrachtet und ihn demgemäß gestaltet hat, habe dies doch nur für Frankreich Geltung. — Dem Ausland gegenüber komme es nicht in Betracht. Nach deutschem Recht sei der Vertrag als ein privatrechtlicher aufzufassen. Es ist zu entgegnen, daß der Anwerbevertrag des Legionärs einen Akt des internen französischen Staatsrechts darstellt. Er ist also ausschließlich nach französischem Recht zu beurteilen. Möglicherweise bedeutet er vom internationalrechtlichen Standpunkt aus einen Verstoß gegenüber dem Ausland. — Davon ist an dieser Stelle nicht zu handeln. Denn es betrifft nicht die rechtliche Natur des Anwerbevertrags als solchen. Für letztere ist ausschließlich das französische Recht maßgebend und entscheidend.

Die deutsche Regierung hat sich weiter in dem Casablanca-Streit darauf gestützt, der höchste französische Gerichtshof, der Kassationshof, habe sich für die privatrechtliche Natur des Legionsvertrags entschieden. Ein Urteil vom 10. Dezember 1879 wird hierfür vorgebracht. Der Fall lag damals folgendermaßen: Es handelte sich darum, ob das Zivilgericht von Dijon zur Entscheidung über die Gültigkeit eines Legionsengagements zuständig sei. Das Tribunal de Dijon erklärte sich für kompetent. Die Cour d'Appel de Dijon fällte jedoch ein entgegengesetztes Urteil und kassierte das erstinstanzliche. Der Kassationshof erkannte auf Rückverweisung an ein Zivilgericht[1]. Er führte in seinen Gründen an, es handle sich im konkreten Fall um einen freiwillig geschlossenen Vertrag, in dem der Staat die Stellung einer „Partie contractante“ habe. Beide Parteien seien gebunden und keiner könne es freistehen, sich ohne Zustimmung der anderen eigenmächtig über die Bestimmungen des Vertrages hinwegzusetzen.

Es ist jedoch zu beachten, daß seit dem Jahre 1879 die Wissenschaft des öffentlichen Rechts in Frankreich gewaltige Fortschritte gemacht hat und der ehemalige Standpunkt des Kassationshofs heute aufgegeben ist. Der Conseil d'Etat hat sich seitdem in zahlreichen Fällen für zuständig erklärt, über die Gültigkeit der Engagementsverträge der Fremdenlegionäre zu entscheiden[2].

Die Hauptfrage, deren Entscheidung dem Kassationshof oblag, war die, ob das Zivilgericht zuständig sei. Die Entscheidung dieser Frage muß heute eine ganz andere sein, als sie es 1879 war, und dementsprechend lassen sich auch die damaligen Gründe des Gerichtshofs nicht mehr verwerten. Bis zum Ende des 19. Jahrhunderts[3] schieden nämlich die französischen Juristen und die Rechtsprechung zwischen obrigkeitlichen Handlungen (Actes de puissance publique), wo die Behörden befehlen, es sich also um Handlungen handelt, die ein Privater niemals vornehmen könnte, und zwischen gewöhnlichen Handlungen (Actes de gestion), das sind Handlungen, wie sie auch Private vornehmen können. Nur für die ersteren sollten die Verwaltungsgerichte allein zuständig sein, während für die letzteren die Kompetenz der ordentlichen Gerichte anzuerkennen sei, da sich hier die Verwaltung in der gleichen Lage wie ein Privatmann befindet. Der Abschluß eines Vertrags enthält aber keinen Befehl der Behörde, sondern fällt unter die zweite Kategorie. Das mußte auch für den Legionsvertrag gelten. Nach dieser Auffassung, welche bis 1900 in Geltung war, konnte also die Frage, ob ein Anwerbevertrag gültig sei, den Zivil-

---

[1] Vgl. Poimiro, a. a. O. S. 52.

[2] S. Urteil vom 20. Juli 1894; 6. April 1895; 1. Mai 1903; 19. Januar 1906; 22. März 1907; 10. Dezember 1908. Vgl. Poimiro, La Légion étrangère au point de vue juridique et les critiques allemandes in Journal du droit international. 1914. S. 31.

[3] Vgl. Jèze, Franz. Verwaltungsrecht S. 171 ff.

gerichten zur Entscheidung überlassen werden. -- Trotzdem entschied sich damals schon die Cour d'Appel de Dijon hinsichtlich des Legionsvertrags in entgegengesetztem Sinn.

Erst etwa vom Beginn des 20. Jahrhunderts an wurde der Grundsatz der Gewaltentrennung in der Weise ausgebildet, wie er für das heutige Recht besteht. Die neue Entwicklung hat ihre Hauptgründe in der verbesserten Organisation der französischen Verwaltungsgerichte und der besseren Kenntnis des öffentlichen Rechts. Seit der Jahrhundertwende ist die Zuständigkeit der Verwaltungsgerichte auf alle Fälle ausgedehnt worden, wo Bestimmungen des Verwaltungsrechts zur Anwendung kommen. Sobald eine Klage die Ausübung eines öffentlichen Dienstes betrifft, muß sie fortan den Verwaltungsgerichten zur Entscheidung übergeben werden. Die ordentlichen Gerichte sind ausgeschlossen[1]. Doch hat selbst bis 1910 die ältere Auslegung noch neben der neuen fortbestanden.

Es ergibt sich hieraus, daß auf die 36 Jahre zurückliegende Entscheidung des französischen Kassationshofs keinerlei Gewicht gelegt werden kann. Sie gibt für den heutigen Stand der Wissenschaft und Rechtsprechung keinen Maßstab.

Zur Begründung der privatrechtlichen Theorie wird weiterhin ausgeführt[2], es sei ein Unterschied, ob jemand der allgemeinen Dienstpflicht in seinem Vaterland genüge oder in einem anderen Land als Söldner diene. In ersterem Fall handle es sich selbstverständlich um ein öffentlich-rechtliches Verhältnis, bei dem der Staat allein die Anordnungen nach Maßgabe der gesetzlichen Vorschriften, also unter den verfassungsrechtlichen Garantien zu treffen habe. In letzterem Fall aber handle es sich tatsächlich nur um ein privatrechtliches Abkommen, bei dem diese staatlichen Gesichtspunkte fehlen. Sogar die der Fremdenlegion angehörenden Franzosen verlören, während der Dienstdauer, ihre Staatsangehörigkeit. Es dürften deshalb auch nur die allgemeinen privatrechtlichen Normen gelten, d. h. beide Teile müßten zustimmen; es dürfte nicht der eine allein unter Anwendung seiner überlegenen Macht dekretieren.

Der Auffassung, es fehle an staatlichen Gesichtspunkten,

---

[1] Vgl. Jèze a. a. O. S. 172.

[2] S. Abendblatt der Frankfurter Zeitung vom 20. September 1913.

ist jedoch nicht beizupflichten. Die staatlichen Gesichtspunkte sind entschieden ausschlaggebend. Sie bilden die Grundlage für das Bestehen der Fremdenlegion, von ihnen beherrscht erfolgt die Einstellung der Legionäre. Ein Mißverständnis aber muß obwalten, wenn behauptet wird, die Franzosen, welche der Fremdenlegion angehören, erlitten für die Dauer der Dienstzeit den Verlust ihrer Staatsangehörigkeit, woraus man das Fehlen jedes staatlichen Gesichtspunktes erkenne. Zunächst möchte man demgegenüber behaupten, daß der Verlust der Staatsangehörigkeit infolge Abschlusses eines Vertrags ein bedeutsames staatsrechtliches Moment darstelle, also das Fehlen staatlicher Gesichtspunkte durchaus nicht beweise. Es ist ganz undenkbar, daß jemand durch Abschluß eines privatrechtlichen Dienstvertrags seine Staatsangehörigkeit verliert. Wie sollte einer zivilrechtlichen Dienstmiete, die lediglich ein zivilrechtliches Band zwischen zwei Privatpersonen schafft, so weitgehende öffentlich-rechtliche Bedeutung zukommen?

Sodann aber beruht die Annahme, daß Franzosen für die Dauer ihrer Dienstzeit in der Fremdenlegion ihre Staatsangehörigkeit verlieren, auf einem Irrtum. Zwar kennt das französische Recht gemäß § 4 Art. 17 Code Civil die Bestimmung, daß Franzosen, welche f r e m d ländische Kriegsdienste annehmen, ihre Staatsangehörigkeit verlieren. Aber eine Maßregel, wie die behauptete, gibt es nicht. Sie wäre auch offensichtlich im höchsten Grade unbillig und zwecklos. Das Mißverständnis erklärt sich folgendermaßen: Die Franzosen, die sich für die Legion anwerben lassen, dienen „au titre étranger", d. h. sie stehen in jeder Beziehung den Fremden gleich. Was das bedeutet, wird am besten klar, wenn man die Verhältnisse der Offiziere ins Auge faßt. Zahlreiche Offiziere der französischen Armee dienen in der Legion „au titre Français". Es sind dies meistens besonders befähigte Offiziere, die die Ausbildung dieser bunt zusammengewürfelten Truppe übernehmen, welche naturgemäß um vieles schwieriger ist, als die Ausbildung französischer Rekruten. — Diese „au titre Français" dienenden Offiziere stehen sich besser, als wenn sie im Mutterlande dienen würden. Daneben gibt es die Offiziere „au titre étranger"; dies sind französische oder naturalisierte Unteroffiziere, die schon längere Zeit „au titre étranger" dienen und um ihrer

Tüchtigkeit willen, namentlich wegen heldenmütiger Kriegstaten, zu souslieutenants befördert werden. Insbesondere handelt es sich hierbei um Soldaten, welche aus der Kriegsschule von Saint-Maxient hervorgegangen sind. Sie werden nach zwei Dienstjahren zu lieutenants ernannt und später auch häufig zu capitaines. Ferner gibt es Ausländer, die von der französischen Regierung die Erlaubnis erhalten, als Offiziere „au titre étranger" in der Legion zu dienen. Dies kommt namentlich bei solchen Leuten vor, die in ihrer heimatlichen Armee einen entsprechenden Rang bekleideten. Die Beförderung ist im einzelnen geregelt durch Ordonnanz vom 16. März 1838 und Ministerialverfügung vom 1. Juli 1901.

Zuweilen kommt es auch vor, daß Franzosen, die in der Legion als Offiziere „au titre étranger" dienten, zu Offizieren „au titre Français" ernannt werden. In diesem Fall datiert das Dienstalter vom Tag der Ernennung zum Offizier „au titre Français". Die „au titre étranger" abgeleistete Dienstzeit kommt dann nicht mehr in Betracht, was namentlich für das Avancement von Bedeutung ist[1].

Aus dem Gesagten ergibt sich, daß die Annahme, die Franzosen gingen für die Dauer ihrer Dienstzeit in der Fremdenlegion der französischen Staatsangehörigkeit verlustig, auf einem Mißverständnis beruht und keine Begründung für die Annahme eines privatrechtlichen Vertrags zu bilden geeignet ist.

Die dargelegten Erörterungen zeigen, daß die Gründe, welche von den Anhängern der privatrechtlichen Natur des Legionsvertrags vorgebracht werden, nicht stichhaltig sind und überdies vieles gegen die Annahme eines privatrechtlichen Dienstverhältnisses spricht. Daß die wahre Natur des Anwerbevertrags von privatrechtlichen Verträgen grundverschieden ist und der Legionsvertrag ganz und gar dem öffentlichen Recht angehört, soll im folgenden nachgewiesen werden.

2. Die Theorie des öffentlich-rechtlichen Vertrages.

Das Privatrecht enthält vornehmlich die Normen, welche die zur Befriedigung der Bedürfnisse des einzelnen abgeschlossenen

[1] Vgl. Poimiro, La légion étrangère au point de vue juridique et les critiques allemandes in Journal du droit international, 1914, S. 33.

Rechtsgeschäfte ordnen. Es regelt die Rechtsverhältnisse, in denen das eine Individuum zum anderen steht. Auch der Staat kann sich als solches Individuum darstellen. Er steht in rechtlicher Beziehung den Privatpersonen gleich, wenn er Verwaltungstätigkeiten ausübt, welche den vermögensrechtlichen Verkehr mit Privaten betreffen. In erster Linie kommen hierfür die auf dem Gebiet der Finanzverwaltung abgeschlossenen Rechtsgeschäfte in Betracht. Wir reden in diesen Fällen von dem Staat unter der Sonderbezeichnung „Fiskus“, ohne darum die Einheitlichkeit der Staatspersönlichkeit zu verkennen [1].

Hiervon scharf zu trennen ist das Recht, welches die Verhältnisse der Gemeinwesen als solcher betrifft, welches die Befriedigung der allgemeinen Bedürfnisse zum Ziele hat, das öffentliche Recht. Es ist dasjenige Recht, „welches ein mit Herrschergewalt ausgerüstetes Gemeinwesen in seinen Beziehungen zu gleich- und untergeordneten Personen bindet“ [2]. —

Fragen wir uns hiernach, ob der Anwerbevertrag der ersten oder zweiten Kategorie zuzuzählen ist, so kann die Entscheidung nur zugunsten der zweiten fallen. Das ganze Institut der Fremdenlegion gehört dem öffentlichen Recht an, es bezweckt die Befriedigung der Bedürfnisse des französischen Staates, welcher nach Ansicht der französischen Regierung seine regulären Truppen im Mutterlande verwenden muß und für die Behauptung der nordafrikanischen Besitzungen der Einrichtung einer Fremdentruppe nicht entraten kann. Von einem vermögensrechtlichen Verkehr des französischen Staates mit den Legionären als Privatpersonen kann hier nicht gesprochen werden. Man kann sich ferner schwer vorstellen, daß die Fremdenlegion als solche zwar ausschließlich öffentlichrechtlichen Charakter trage, der Anwerbevertrag aber privater Natur sei. Dieser dient ebenso den Allgemeinbedürfnissen, wie alle übrigen Einrichtungen der Legion, und hat den gleichen Ursprung, wie letztere. Wir reden von öffentlichem Dienst, wenn eine bestimmte Rechtseinrichtung zur Befriedigung einer bestimmten Art von im allgemeinen Interesse liegenden Bedürfnissen besteht, und das trifft für unseren Fall zu. Der

---

[1] Vgl. Jellinek, Recht des modernen Staats S. 374.

[2] Jellinek, ebenda.

Anwerbevertrag läßt sich auch, will man Otto Mayers Definition[1] des öffentlich-rechtlichen Vertrags folgen, als ein „Verwaltungsakt auf Unterwerfung“ bezeichnen. Dieser öffentlich-rechtliche Verwaltungsakt entspricht seinem materiellen Inhalt nach in wesentlichen Punkten dem privatrechtlichen Vertrag und kann gleich letzterem Verpflichtungen usw. enthalten. Es handelt sich deshalb auch hier um Verträge. Wie auf der einen Seite der Betroffene verpflichtet ist, zu tun oder zu unterlassen, Dienste zu verrichten, Anordnungen sich zu unterziehen, so ist auf der anderen Seite die öffentliche Gewalt, personifiziert im Staate, gebunden zur Vollziehung, Aufrechterhaltung und Durchführung der getroffenen Bestimmungen[2].

Es ist weiter zu beachten, daß der privatrechtliche Vertrag, sobald er perfekt ist, die Parteien gleichmäßig bindet. Die darin getroffenen Bestimmungen sind rechtswirksam, solange sie nicht durch den übereinstimmenden Willen der Parteien geändert werden. — Daß eine Partei mehr Rechte hätte wie die andere, oder sich über einzelne Punkte des Vertrags hinwegsetzen und einseitig Abänderungen vornehmen könnte, ist ausgeschlossen, es sei denn, daß ein entsprechender Vorbehalt Bestandteil des Vertrags ist. Wer also die Auffassung vertritt, daß der Anwerbevertrag der Legionäre ein privatrechtlicher Dienstvertrag ist, bei dem sich beide Teile gleichwertig gegenüberstehen, muß sich auch dahin entscheiden, daß der französische Staat genau an die Bestimmungen der geschlossenen Verträge gebunden ist und ohne Zustimmung der im Dienst befindlichen Legionäre keine Änderung treffen kann.

Es soll zunächst dargelegt werden, daß eine solche Auffassung den tatsächlich bestehenden Verhältnissen nicht entspricht. Schon die vor der Fremdenlegion in Frankreich bestehenden Fremdentruppen waren der Macht des Staates so weit unterworfen, daß die Nationalversammlung durchgreifende Änderungen in Bezug auf Sold und Uniform der Truppen vornehmen konnte[3]. Die von den Soldaten deswegen erhobenen Klagen waren ohne jegliche Bedeutung. Ludwig XVIII. ent-

[1] Vgl. Otto Mayer, Deutsches Verwaltungsrecht, Leipzig 1896, Bd. 2 S. 98 f.

[2] Vgl. Otto Mayer, ebenda.

[3] Vgl. Poimiro, La légion étrangère et le droit international S. 54.

ließ, wie in der Einleitung ausgeführt wurde, die angeworbenen Söldner in Scharen, da er keine Verwendung für sie hatte, ohne nach abgeschlossenen Verträgen zu fragen. Ebenso verfuhr Louis-Philipp I. mit der Legion Hohenlohe. Wer sich nicht mit seiner Einreihung in das 21. Linienregiment einverstanden erklärte, war entlassen.

Die Verhältnisse der Fremdenlegion sind nicht besser. Am 28. Juni 1835 wurde zwischen Frankreich und Spanien eine Konvention geschlossen, derzufolge die Fremdenlegion den Dienst Frankreichs verließ und der König von Spanien sie in Sold nahm. Im Anschluß hieran unterzeichnete Louis-Philipp am 29. Juni ein Dekret, dessen Inhalt lautete: „la légion étrangère cessera de faire partie de l'armée française“[1, 2].

Der Übergang in spanische Dienste wurde in einem Schreiben des Generalgouverneurs von Algerien, Grafen Erlon, an den Legionskommandeur als „une nécessité pour les militaires étrangers“ bezeichnet[3]. Im Weigerungsfall verlören sie ihre Stellung ohne jeglichen Schadensersatzanspruch, „le gouvernement ne se trouvant nullement engagé à les conserver à sa solde.“ In den spanischen Diensten verbrachte die Fremdenlegion eine schwere Zeit. Die Mühen waren groß, die Verpflegung mehr als schlecht, der Sold blieb unbezahlt. Auf Beschwerden beim französischen Kriegsminister erfolgte die Antwort, daß die Abtretung der Legion an Spanien eine in jeder Beziehung vollständige sei. Die Legion sei in spanischer Abhängigkeit und die Legionäre den Gesetzen und der Herrschaft der spanischen Armee unterworfen. Demnach könne die französische Regierung in keiner Weise eingreifen, weder was die Auszahlung des Soldes anbelange, noch hinsichtlich der Gewährung von Entschädigungen. Nichtsdestoweniger hatte der französische Staat die Legionäre gezwungen, in spanische Dienste zu treten. Wäre er also vom Standpunkt des privatrechtlichen Dienstvertrags aus schon an und für sich nach Zessionsgrundsätzen für die Erfüllung der Vertragspflichten seitens des spanischen

[1] Vgl. Moniteur universel vom 8. Juli 1835.

[2] Hier ist nebenbei deutlich gesagt, daß die Legion ein Bestandteil des französischen Heereskontingents ist, ein Umstand, der ohne Zweifel auf ein öffentlich-rechtliches Verhältnis hinweist.

[3] Vgl. Poimiro, La légion étrangère et le droit international, S. 63.

Zessionars haftbar, so folgte diese Verpflichtung noch außerdem daraus, daß der französische Staat den Legionären eine vertragsgemäße Behandlung seitens der spanischen Regierung zugesichert hatte. Man kann sich kaum einen Fall denken, in welchem der französische Staat sich einseitiger und radikaler über die Anwerbeverträge der Legionäre hinwegsetzte, als indem er erstens die ganze Fremdenlegion entläßt und sich weigert, ihr weiterhin Sold, Kleidung u. dgl. zu gewähren, und indem er zweitens die Legionäre zwingt, spanische Kriegsdienste anzunehmen. Dieser Fall steht nicht einmal vereinzelt da. Besondere Erwähnung verdient noch der folgende: Als sich gegenüber zahlreichen schlechten Elementen der Legion die Strafmittel als unwirksam erwiesen hatten, wurden in verhältnismäßig schneller Reihenfolge drei Dekrete erlassen, die den Zweck verfolgten, die Legion vor den Gefahren zu schützen, die durch die Einstellung verkommener Individuen hervorgerufen wurden. — Das erste Dekret datiert vom 14. August 1906, das zweite vom 10. Mai 1908 und das letzte vom 24. Mai 1912. Durch diese Dekrete wurde die Möglichkeit geschaffen, Legionäre vor Beendigung ihrer Dienstzeit zu entlassen. Anläßlich des jüngsten Erlasses führte der Minister Millerand aus [1], man müsse dem Staat das Recht zugestehen, die Engagementsverträge zu lösen und auf diese Weise disziplinarisch die Entlassung der in Betracht kommenden Legionäre zu verfügen. Nach den Bestimmungen des Dekrets vom 15. August 1906 sollte diese Maßnahme bei einfachen Anwerbeverträgen nach drei Jahren Dienstzeit statthaft sein, bei Erneuerungsverträgen, d. h. in den Fällen, wo Legionäre nach Ablauf der durch den Anwerbevertrag festgesetzten Frist von fünf Jahren ein neues Engagement eingegangen waren, nach anderthalb Jahren. Diese Maßnahmen erwiesen sich in der Folge als unzureichend. Sie wurden daher 1912 dahin ergänzt, daß zwecks Auflösung des Anwerbe- bzw. Erneuerungsvertrags jeder Legionär dem Disziplinargericht übergeben werden dürfe, ohne daß es der Wahrung der dreijährigen bzw. anderthalbjährigen Frist bedürfe. Von einer diesbezüglichen Befugnis der französischen Regierung stand in den Verträgen der Legionäre nichts. Dennoch wurde

[1] S. Journal officiel vom 2. Juni 1912, S. 4940—4941.

sie auch gegenüber solchen Legionären geübt, die zur Zeit des Erlasses der Dekrete bereits im Dienst waren, also im Genuß wohlerworbener Rechte eine einseitige Einwirkung des französischen Staates auf den geschlossenen Vertrag nicht hätten zu dulden brauchen, wenn ihr Vertrag ein privatrechtlicher Dienstvertrag wäre.

Ein so entlassener Fremdenlegionär hätte bei den französischen Gerichten sicherlich kein Gehör gefunden, wenn er den französischen Staat auf Erfüllung des Vertrages verklagt oder aber Schadensersatz wegen Nichterfüllung verlangt hätte. Dabei lag jedoch kein Rücktritt des Staates als Vertragspartei, etwa wegen vertragswidrig schlechten Benehmens des anderen Kontrahenten auf Grund einer Gesetzesvorschrift des Code civil vor, sondern eine Auflösung des Vertrages kraft einseitiger, aus eigner Machtvollkommenheit nur zu diesem Zweck geschaffener Bestimmung.

Man könnte hier vielleicht einwenden, die Änderung sei durch Gesetz herbeigeführt, durch ein solches könne der Staat aber jederzeit auch auf Privatverträge einwirken, indem er Normen schaffe, sei es hinsichtlich der Form, unter denen das Rechtsgeschäft vollzogen werden müsse, widrigenfalls es nichtig sei, sei es hinsichtlich des Inhalts der Verträge. Es ist zu entgegnen, daß auch Gesetze keine rückwirkende Kraft auf bereits abgeschlossene Verträge haben. Höchstens könnte dies der Fall sein, wenn dem Gesetz ausdrücklich rückwirkende Kraft beigelegt wäre, was aber im konkreten Fall nicht zutrifft. Es handelt sich eben hier nicht um ein allgemeines, vom Staat als Gesetzgeber zum Wohl der Kontrahenten erlassenes Gesetz, sondern um eine Maßnahme, die der Staat als Kontrahent für seinen speziellen Fall getroffen hat, durch die er einseitig den Vertrag ohne Zustimmung und selbst gegen den Widerspruch der Gegenpartei abändert.

Das Recht, in dieser einseitigen Weise auf den Anwerbevertrag einzuwirken, kann dem Staat auch von rechtswegen nicht streitig gemacht werden. Er muß in der Lage sein, Reformen, die ihm notwendig und zweckmäßig erscheinen, durchzuführen, veraltete Bestimmungen aufzuheben und neue an ihre Stelle zu setzen. Dies kann aber im Staatsinteresse nur in der Weise geschehen, daß der Staat, ohne seine Gegenkontrahenten zu fragen, von sich aus die Maßnahmen trifft und diese mit dem Tag der Publikation für alle in Kraft treten, sowohl für diejenigen Legionäre, welche bereits im Dienst sind, wie für diejenigen, deren Anwerbung nachher erfolgt. Die Rechtsverhältnisse müssen einheitlich gestaltet sein. Auch geht es nicht an, daß der Staat gezwungen sein sollte, die Zustimmung der Fremdenlegionäre dazu zu erwirken, daß ihre Anwerbeverträge auf Grund gemeinschaftlichen Konsenses geändert werden. Der französische Staat steht den Legionären nicht als zivilistischer Arbeitgeber gegenüber, sondern er schließt mit ihnen einen öffentlich-rechtlichen Vertrag, der ihm die Möglichkeit gibt, kraft seiner Souveränität durch Verwaltungsakt, sei es in Gesetzesform oder auch ohne solche, auf den Vertrag einzuwirken. Die Rechte und Pflichten, sowohl des französischen Staates, wie des Fremdenlegionärs haben ihren Ursprung im öffentlichen Recht. Dies ist nicht nur die Auffassung der französischen Regierung, sondern auch die einzige Lösung, die zweckmäßig und logisch denkbar ist.

Das Recht des französischen Staates, auf den Legionsvertrag einzuwirken, muß jedoch andererseits seine Grenzen haben. Denn auch die französische Regierung hat ihre vertraglichen Verpflichtungen. Aber wie weit sie gehen kann, läßt sich durch eine bestimmte Regel nicht ausdrücken[1]. Sie wird ja ganz abgesehen hiervon aus Gründen der Humanität und Moral, nicht weniger aus Rücksichten der Staatsraison sich Beschränkung aufzuerlegen haben. Denn es litte sonst die Tüchtigkeit der Truppe und der Zustrom von Ausländern würde aufhören. Bedenklich müßte es erscheinen, wenn die französische Regierung, ohne auf gesetzlicher Grundlage dazu ermächtigt zu sein, (denn gegen die Omnipotenz des Staates auf gesetzgeberischem Gebiet kann sich niemand wehren) plötzlich erklären könnte, sie werde

---

[1] Recht weit geht in dieser Beziehung Poimiro (vgl. La légion étrangère et le droit international S. 112): „L'Administration s'oblige et à notre avis, l'acte d'engagement va conférer à l'engagé des droits acquis que l'état, de sa propre volonté, ne pourra pas changer complètement, à moins qu'il ne donne à l'engagé la liberté de partir." Gleicher Meinung ist Hauriou (Précis de droit administratif S. 547): „Ils confèrent des droits acquis qui ne pourraient point être modifiés par décision unilatérale de l'Administration."

fortab keinen Sold mehr zahlen, sie werde die Legionäre nicht länger kleiden, ernähren usw. Hier würde man vielleicht sagen können, es liege nicht mehr eine im Allgemeininteresse vom Staat vorgenommene Maßnahme, sondern ein Vertragsbruch vor [1]. Dagegen kann man sich sehr wohl den Fall denken, daß der französische Staat eines Tages erklären würde: dann und dann hört die Legion auf zu bestehen, die Legionäre werden in ihre Heimat entlassen. — Ohne Zweifel könnte das nicht in der Weise geschehen, daß tagtäglich einige Legionäre entlassen würden, je nachdem ihr Anwerbevertrag abgelaufen wäre, bis schließlich nach fünf Jahren alle Legionäre entlassen wären. Es würde aber auch nicht in der Weise geschehen, daß den Legionären ihr Sold bis zum Ablauf der Dienstzeit, Mann pro Mann für den einzelnen Legionär ausgerechnet, vergütet würde. Das ist völlig undenkbar. Gleichwohl müßte es so sein, wenn privatrechtliche Dienstverträge vorlägen.

Es ergibt sich, daß die Annahme eines Privatvertrags den tatsächlichen Verhältnissen ebensowenig gerecht wird, wie den rechtlichen, und völlig ad absurdum führt. Der Legionsvertrag ist öffentlich-rechtlicher Natur. Der Staat hat feste Verpflichtungen gegenüber dem Legionär, von der Basis des Kontrakts darf nicht abgegangen werden. Aber innerhalb dieses Rahmens sind dem Staat weitgehende Befugnisse zuzuerkennen, im Allgemeininteresse auf den Vertrag einzuwirken.

So hat auch die französische Regierung die Frage entschieden [2]. Vor dem Haager Schiedsgericht hat sie ausgeführt: „Le contrat qui se forme entre l'état français et les étrangers qui demandent à être accueillis à la légion est .... un contrat de droit public [3].“

Dieser Entscheidung kommt erhöhte Bedeutung zu, da die Frage, welcher Natur der Anwerbevertrag sei, wie erwähnt,

---

[1] Damit soll allerdings keineswegs der von Professor Léon Duguit in Bordeaux aufgestellten Theorie beigepflichtet werden, daß ein Gesetz gut und vernünftig sein müsse, um Gültigkeit beanspruchen zu dürfen.

[2] Vgl. Gidel, in Revue générale de droit international public, 1910, S. 361.

[3] Vgl. Contre-Mémoire présenté par le gouvernement de la République Française S. 26.

eine solche des internen französischen Staatsrechts ist. Die französische Regierung ist in erster Linie kompetent, darüber zu urteilen, wie sie die französiche Einrichtung der Legionsverträge verstanden wissen will.

Das Haager Schiedsgericht hat sich der Auffassung der französischen Regierung angeschlossen.

Auch Hauriou ist Anhänger der öffentlich-rechtlichen Theorie [1]. Erkennt er auf der einen Seite an, daß die Anwerbeverträge „véritables contrats de service militaire sur des bases précises“ seien, so gewährten sie doch auf der anderen Seite der Regierung bedeutende Vorrechte, die auf der Exekution des militärischen Dienstes basierten. Der Legionär sei frei, den Anwerbevertrag zu schließen, habe er ihn aber einmal unterzeichnet, so sei er der Disziplin des Militärdienstes mit allen Folgen unterworfen. Die ganze Natur dieses Rechtsverhältnisses sei die eines öffentlich-rechtlichen Vertrags.

Gleicher Meinung ist Roux [2]. Es sei nicht zweifelhaft, daß das französche Recht das zwischen Regierung und Fremdenlegionär bestehende rechtliche Band als ein solches öffentlicher Natur betrachtet, nicht nur vom Standpunkt des internen französischen Rechts, sondern auch von dem des internationalen Rechts. Dies ergebe sich namentlich aus dem Leistungsobjekt, der Art des versprochenen Dienstes. In Frankreich sowohl, wie in jedem anderen Lande, könne kein Privatmann Soldaten in seinen Sold nehmen. Nur dem Staat stehe dies zu. Die Landesverteidigung bedeute einen öffentlichen Dienst par excellence.

Auch Kohler darf als Vertreter der öffentlich-rechtlichen Theorie der Anwerbeverträge angesprochen werden. Er sagt [3], in dem Augenblick, in welchem jemand der Fremdenlegion angehöre, müsse er sich nicht nur der dortigen Disziplin, sondern auch, was Militärdelikte betrifft, der dortigen Gerichtsbarkeit unterwerfen, und dies hätten die fremden Mächte ohne weiteres anzuerkennen. Auch im übrigen tritt seine von dem Stand-

---

[1] Vgl. Précis de droit administratif S. 547.

[2] Vgl. Roux, L’incident de Casablanca in Revue de législation et de jurisprudence, 1908, S. 595 ff.

[3] S. Kohler, Casablanca-Sache S. 32.

punkt der deutschen Regierung und damit der privatrechtlichen Theorie des Anwerbevertrages völlig verschiedene Ansicht deutlich zutage [1].

3. Die Theorie des contrat administratif.

Der Erwähnung bedürfen noch einige weitere Theorien, die namhafte Vertreter gefunden haben. Sie verwerfen die Theorie der privatrechtlichen Dienstmiete völlig, weichen aber auch von der hier vertretenen Theorie des öffentlich-rechtlichen Vertrags erheblich ab.

Den Übergang bildet Laferrière [2]. Er sagt, der Staat nehme durch den Abschluß des Legionsengagements einen Akt der Anwerbung vor, dessen Formen durch das Gesetz vorgeschrieben seien. Es handle sich hierbei um einen Akt öffentlicher Gewalt, ungeachtet der vertraglichen Elemente, die ihm beigemischt sind. In diesem Sinn verstanden, bezeichnet Laferrière das Rechtsverhältnis als contrat administratif. Der Umstand, daß der Legionär das Engagement freiwillig eingehe, sei lediglich akzessorischer Natur, da das Engagement doch nur verwirklicht werden könne auf Grund der staatlichen Autorität, welche vorherrschend sei.

Hier ist also die feste Basis des Vertrags verlassen. Nur vertragliche Elemente werden anerkannt, bei einem Akt, der im wesentlichen der Staatssouveränität entspringt. Immerhin wird das Ganze doch als contrat, und zwar als contrat administratif bezeichnet.

Damit stimmt im wesentlichen Poimiro überein [3]. Er hält den Ausdruck „contrat administratif" nicht für besonders glücklich, da er in gewisser Beziehung paradox sei. Dennoch gebe er die Situation des Fremdenlegionärs am besten wieder. Der Staat rekrutiere und übe damit einen Akt der Souveränität aus; letzterer enthalte aber, so wunderbar es klinge, ein kontraktliches Element. — Die Regierung verpflichte sich und der Engagementsakt verschaffe dem Legionär wohlerworbene Rechte

---

[1] Im Ergebnis übereinstimmend auch Bönniger, Die Bildung und völkerrechtliche Stellung der französischen Fremdenlegion, S. 78, und Dambitsch in DJZ. vom 15. Juni 1914 S. 790.

[2] S. Laferrière, Traité de la jurisdiction administrative, S. 549 f.

[3] Vgl. Poimiro, La légion étrangère et le droit international, S. 112.

gegenüber dem Staat, die letzterer nicht willkürlich vollständig ändern könne, ohne dem Legionär das Recht zu gewähren, aus der Fremdenlegion auszutreten.

Man sieht, die Theorie des contrat administratif ist von der öffentlich-rechtlichen Theorie, die wir vertreten, nicht gar so sehr verschieden. Der Begriff des contrat administratif erscheint aber in hohem Maße widerspruchsvoll und verschwommen. Sollen durch ihn dem Staat keine weitergehenden Befugnisse zugesprochen werden, als wir sie im vorigen Abschnitt für zulässig erklärt haben, so war die Wahl eines so widerspruchsvollen Gebildes, wie es die erwähnten Schriftsteller in dem hier eine ganz spezielle Auslegung erfahrenden Begriff „contrat administratif" geschaffen haben, überflüssig. Mehr Rechte, als wir vom Standpunkt des öffentlich-rechtlichen Vertrags dem Staate eingeräumt haben, darf letzterer aber nicht haben, will man nicht die feste Basis eines Vertrags überhaupt preisgeben.

Hieran soll sich die Darstellung derjenigen Theorien schließen, welche in dem Abschluß des Anwerbevertrags ausschließlich einen einseitigen Akt der Staatsgewalt sehen.

4. Die Theorie vom Legionär als Beamten.

Jèze erklärt den Fremdenlegionär für einen französischen Beamten. „Peut-être il vaudrait mieux voir dans l'acte d'engagement une manifestation analogue à celle qui nomme un fonctionnaire" [1]. Das Rechtsverhältnis der Beamten in Frankreich definiert aber Jèze [2] in der Weise, daß sie sich in einer gesetzmäßigen und verordnungsmäßigen Rechtsstellung befinden. Zu keiner Zeit bestehe ein Vertragsverhältnis. Die Rechte und Pflichten der Personen im öffentlichen Dienst seien durch Gesetze und Verordnungen geregelt. Er beruft sich insbesondere auf die Ausführungen des Regierungskommissars Tardieu im Staatsrat vom 7. August 1909, worin dieser darlegte, daß beim Beamtenverhältnis alle Merkmale eines Vertrags fehlten. Es sei sicherlich kein Arbeitsvertrag des Code Civil. Zum Unterschied von dem, was für das Privatrecht gelte, verhandelten die Parteien hier nicht auf dem Fuße der Gleichberechtigung. Der Staat setze nach seinem Belieben und mit Rücksicht auf

[1] Jèze, Année administrative, 1903, S. 223.

[2] Jèze, Das Verwaltungsrecht der französischen Republik, S. 61.

das bestmögliche Funktionieren des öffentlichen Dienstes die verschiedenen Klauseln des Vertrags fest. Er bestimme allein, ohne Besprechung und ohne vorheriges Einverständnis mit den zu Beamten Ausersehenen die Pflichten und Verpflichtungen, die er jedem Beamten auferlegt. In gleicher Weise setze er die Vorteile, die er ihnen gewähre, fest, nämlich den Satz für ihre Gehälter, die Bedingungen und den Prozentsatz ihrer Ruhegehälter, die Regeln, nach denen sie befördert werden sollen, die Regeln, nach denen die Verletzungen ihrer Dienstpflicht bestraft werden sollen, die Disziplinarstrafen, die sie zu erwarten haben, und das Verfahren, in dem diese Strafen ausgesprochen werden. Der Staat allein setze nicht nur diese Bedingungen fest, sondern er behalte sich auch das Recht vor, sie während ihrer Gültigkeitsdauer abzuändern. Schließlich stehe es ihm immer frei, den Dienst und damit die Stelle aufzuheben. Man brauche nichts hinzuzufügen, um darzutun, daß diese Willenseinigung, die Rechte und Pflichten schafft, nicht ein Vertrag sei, sondern daß sie die rechtliche Wirkung hat, daß ein einseitig durch die Gesetze und Verordnungen normierter gesetzmäßiger und verordnungsmäßiger Status auf eine bestimmte Person angewendet werde. Es sei ein Bedingungsrechtsgeschäft[1]. Alle diese Grundsätze seien auch für den Fremdenlegionär zutreffend und auf ihn anwendbar. Man vergleiche deshalb den Anwerbevertrag am besten mit der Ernennung der Beamten.

Dies ist im wesentlichen auch die Ansicht Berthélemys[2]. Der Staat werbe an, nehme einen Akt öffentlicher Gewalt vor und von Vertrag lasse sich nicht reden. Nicht infolge Vertrags, sondern kraft eigenen Willens seien die Angeworbenen dem Gesetz unterworfen. Es gebe weder einen privatrechtlichen, noch einen öffentlich-rechtlichen Vertrag, sondern nur einen Staatsakt.

Gleicher Ansicht ist endlich auch Rolland[3]. Man könne von Vertrag nicht sprechen, es handle sich lediglich um eine Maßnahme der Anwerbung. Sei es schon an sich im allgemeinen unmöglich, das Verhältnis der Beamten zum Staat als Vertrag zu bezeichnen, so trete diese Unmöglichkeit im Fall des Fremden-

[1] Jèze, Französisches Verwaltungsrecht S. 80 Anm. 1.

[2] Vgl. Berthélemy, Traité élémentaire de droit administratif, S. 390.

[3] Rolland, Revue de droit public S. 695.

legionärs noch handgreiflicher zutage[1]. „En réalité il ne faut point parler ici de contrat, pas plus de droit public, que de droit privé. Dans l'acte d'engagement il n'y a qu'une simple mesure de recrutement.“

Daß die französischen Freiwilligen durch ihr Engagement wirkliche Beamten würden, werde allgemein zugegeben werden. Sie seien, wie alle Beamten, dem Gesetz unterworfen, das ihren Dienst regele. Hier gebe es weder eine Willensübereinstimmung, noch Verhandlungen und Debatten. Es sei nur die Tatsache gegeben, daß ein Individuum sich einverstanden erklärt habe, Beamter zu werden, d. h. sich den für den betreffenden Beamten gültigen Spezialgesetzen unterworfen habe.

Ebensowenig komme zwischen dem Fremdenlegionär und dem französischen Staat ein Vertrag zustande. Auch hier handle es sich um ein Individuum, welches aus irgendwelchen Gründen darum bittet, dem französischen Militärgesetz unterworfen und als französischer Soldat behandelt zu werden. Der Anwerbevertrag sei daher nur ein Rekrutierungsvorgang.

Der Auffassung der genannten Schriftsteller, daß der Fremdenlegionär französischer Beamter sei, ist nicht beizustimmen. Das einzige, was dieser Theorie als Vorzug zugerechnet werden kann, ist die Erklärung, die sie für das willkürliche Verhalten des Staates vorbringt. Handelt es sich bei dem Legionär um einen Beamten, den der Staat einseitig in seine Dienste einstellt[2], so ist ohne weiteres klar, daß er

[1] Vgl. Rolland, a. a. O. S. 698.

[2] Die Theorie, welche die Begründung des Staatsdienerverhältnisses auf einen einseitigen Akt des Staates zurückführt, ist auch in Deutschland herrschend. Laband ist anderer Meinung und erklärt, das Dienstverhältnis des Staatsbeamten beruhe auf einem Vertrag, durch welchen der Beamte sich dem Staate „hingibt“, eine besondere Dienstpflicht und Treue übernimmt, eine besondere Ergebenheit und einen besonderen Gehorsam angelobt, und durch welchen der Staat dieses Versprechen, sowie das ihm angebotene, besondere Gewaltverhältnis annimmt und dem Beamten dafür Schutz und gewöhnlich auch Lebensunterhalt zusichert. Die Anstellung der Beamten sei daher materiell ein Rechtsgeschäft (s. Laband, Staatsrecht des Deutschen Reiches S. 413, 419). Auf diesen Streit*) kommt es für die Frage des Legionärs nicht an. Denn sie ist nur nach französischem Beamtenrecht zu beurteilen.

*) Vgl. dazu z. B. Stengel-Fleischmann Bd. I S. 362; Meyer-Anschütz S. 500—501.

souverän über die Bedingungen und Rechtsverhältnisse des Anstellungsverhältnisses disponieren kann. Daß der Staat dies bis zu einem gewissen Grad auch bei dem öffentlich-rechtlichen Vertrag kann, haben wir oben festgestellt. Ihm darüber hinaus ein Recht einzuräumen, ganz willkürlich nach Belieben gegenüber den Fremdenlegionären zu schalten, erscheint nicht angebracht. Denn der Fremde hat den Anwerbevertrag nur um deswillen abgeschlossen, weil der französische Staat ihm darin bestimmte Vorteile, wie Nahrung, Kleidung, Wohnung usw., zugesichert hat. Es muß deshalb eine vertragliche Bindung des Staates im Interesse der Legionäre anerkannt werden.

Der Theorie des Legionärs als Beamten steht weiterhin der klare Wortlaut der Ordonnanz vom 10. März 1831 entgegen. Diese bestimmt in Art. 4: „tout étranger qui voudra faire partie de la légion étrangère ne pouvra y être admis qu'après avoir contracté devant un sous-intendant militaire, un engagement volontaire.“

Danach kann nicht bestritten werden, daß eine kontraktmäßige Bindung[1] des französischen Staates durch den Engagementsvertrag vorliegt. Der Legionär kann von der französischen Regierung verlangen, daß sie ihren gesetzlich festgelegten Verpflichtungen nachkomme.

Man ist geneigt, als weiteren Grund gegen die Annahme eines Beamtenverhältnisses anzuführen, daß gewöhnliche Soldaten keine Beamten seien[2]. Das ist jedoch nur nach deutschem Recht anzuerkennen. Nach französischem Recht läßt sich der Soldat als Beamter im öffentlichen Dienste auffassen[3]. Es ist ferner zu prüfen, ob Zweifel darüber bestehen, daß es sich bei den Stellen der Fremdenlegion um dauernde Ämter handelt. Denn es ist nach französischem Recht unerläßliches Kriterium des Amtes, daß es sich um eine dauernde Stellung handelt. Auch in diesem Punkt weicht das französische Recht vom deutschen ab. Nach deutschem Recht ist weder die Dauer der Amtsübertragung wesentlich, noch ist es von Einfluß, wenn

---

[1] Vgl. auch die Übersetzung bei Fieffé-Carneville: „. . . wenn er . . . ein freiwilliges Engagement kontraktmäßig eingegangen hat.“

[2] Vgl. Laband, Staatsrecht des Deutschen Reiches I, S. 418.

[3] S. Jèze, Verwaltungsrecht der französischen Republik S. 73.

ein Amt nur vorübergehend besteht. Trotzdem besitzt der Verwalter des Amtes Beamtenqualität[1].

Nach französischem Recht dagegen ist letzteres nur anzunehmen, wenn das Amt ein dauerndes ist. Daß der Verwalter des ständigen Amtes seinerseits die Verwaltung dauernd führt, ist nicht notwendig[2].

Der Soldat ist daher nach französischem Recht Beamter, obwohl er nur zeitweilig im Amte ist[3]. Es fragt sich, ob die Stellen in der Fremdenlegion in gleicher Weise als dauernde gelten können, wie die der regulären Armee. Dies ist zu bejahen. Das Institut der Fremdenlegion ist auf die Dauer angelegt, besteht seit mehr als 80 Jahren und vorerst ist an seine Beseitigung nicht zu denken, wie sehr dies auch wünschenswert erscheint und vielfach gefordert wird. Die Fremdenlegionärsstellen sind als dauernde zu betrachten. Daß der einzelne Legionär das an sich dauernde Amt in der Regel nur fünf Jahre verwaltet, ist gleichgültig. Der Einwand, der Legionär sei gewöhnlicher Soldat und als solcher kein Beamter, schlägt daher für das französische Recht nicht durch.

Dagegen wird die Unrichtigkeit der Behauptung, der Fremdenlegionär sei ein Beamter, noch dadurch bewiesen, daß nach französischem Recht ein Ausländer nicht Beamter sein kann[4]. Wären die Legionäre Beamte, gleich wie die französischen Freiwilligen, so wäre nicht einzusehen, warum sie nicht gleich jenen vom Militärdienst zum Zivildienst sollten übergehen können. Während des Dienstes in der Legion wird kein Unterschied zwischen Legionären französischer Staatsangehörigkeit und solchen fremder Staatsangehörigkeit gemacht. Erst wenn sie die Legion verlassen, tritt der Unterschied zutage. Die Legionäre französischer Staatsangehörigkeit können sich um die Zivilämter bewerben, die fremdländischen Legionäre nicht. Der Grund ist der, daß die Zivilämter als Beamtenstellen nur von französischen Staatsangehörigen verwaltet werden können. Die Richtigkeit dieser Auffassung wird erhärtet durch den Umstand, daß der fremde Staatsangehörige, sobald er die

---

1 S. Laband, a. a. O. S. 407.

2 Vgl. André Guillois in Revue de droit public, 1914 S. 164.

3 Vgl. Jèze, Verwaltungsrecht der französischen Republik S. 80.

4 Vgl. Poimiro, La légion étrangère et le droit international, S. 109 f.

französische Staatsangehörigkeit erwirbt, sich gleich den eingeborenen Franzosen auch um die Zivilämter bewerben darf. Wie sollte diese Bestimmung eine Erklärung finden, wenn nicht dadurch, daß Ausländer, solange sie Ausländer sind, keine Beamten sein können?

Aus den dargelegten Erörterungen ergibt sich, daß der Theorie, wonach der französische Fremdenlegionär als Beamter behandelt werden soll, nicht zuzustimmen ist. Es geht nicht an, den Anwerbevertrag der Fremdenlegionäre dem Anstellungsakt gleichzustellen, durch welchen der französische Staat seine Beamten einstellt, oder in ihm lediglich eine Maßnahme der Anwerbung zu erblicken.

Wir halten vielmehr daran fest, daß es sich bei den Anwerbeverträgen der französischen Fremdenlegionäre um öffentlichrechtliche Verträge handelt, die dem Staat feste Verpflichtungen auferlegen, mag letzterer auch kraft seiner Souveränität im Staatsinteresse in beschränktem Maße zur einseitigen Einwirkung auf den Vertrag befugt sein.

§ 6.

Verstößt der Anwerbevertrag ganz allgemein gegen die guten Sitten?

Daß das Institut der Fremdenlegion als Ganzes den guten Sitten nicht widerspricht, weil es eine absolute Sittlichkeit nicht gibt, sondern jedes Volk seine eigenen Begriffe von Sitte und Sittlichkeit hat, ist schon an früherer Stelle gesagt worden. Nach türkischer Sitte ist die Vielweiberei gestattet. Im übrigen Europa ist sie mit Strafe bedroht. Gerade die Strafgesetze der einzelnen Länder beweisen zur Genüge, wie verschiedenartig die Auffassung der Völker darüber ist, was gut und böse, was erlaubt und was strafwürdig sei.

Man könnte nach diesen Ausführungen es für überflüssig halten, noch speziell die Frage zu untersuchen, ob, wenn schon das Institut der Fremdenlegion als Ganzes nicht gegen die guten Sitten verstößt, der Anwerbevertrag sittenwidrig sei. Gleichwohl darf die Frage nicht übergangen werden mit Rücksicht darauf, daß die deutsche Regierung diese Behauptung aufgestellt und mit Nachdruck vertreten hat.

Gestützt auf die Theorie, der Anwerbevertrag der Legionäre sei eine privatrechtliche Dienstmiete, hat sie in ihrem „Schriftsatz[1] zu den Streitfragen, welche durch die am 25. September 1908 in Casablanca vorgekommenen Begebenheiten hervorgerufen sind“, ausgeführt, nach deutschem Recht sei ein solcher Vertrag eines Deutschen, jedenfalls solange als dieser in Deutschland wehrpflichtig sei, nichtig. Sie beruft sich hierfür auf Niemeyer[2], der die militärischen Dienstverträge von Deutschen für unwirksam erklärt, wenn sie den deutschen Staatsbürgerpflichten, vor allem der militärischen Dienstpflicht, zuwiderlaufen.

Die deutsche Regierung weist ferner darauf hin, daß jeder Deutsche, sobald er das 17. Lebensjahr vollendet hat, wehrpflichtig ist. Sofern er nicht für untauglich oder unfähig zum Militärdienst erklärt wird, bleibe er der Wehrpflicht in irgend einer Form bis zur Vollendung des 45. Lebensjahres unterworfen. Durch Verletzung der Wehrpflicht mache er sich strafbar[3]. Wer sich in fremde Militärdienste begibt, könne aber so lange den ihm seinem Heimatstaat gegenüber obliegenden militärischen Pflichten nicht gerecht werden. Der Vertrag, durch den sich ein wehrpflichtiger Deutscher in die Dienste der Fremdenlegion begibt, verstoße also gegen die ihm dem Reich gegenüber obliegende Wehrpflicht, besonders schwer natürlich da, wo der vertragsschließende Reichsangehörige bereits einem aktiven Truppenteil angehört und sich der Fortsetzung des Dienstes bei diesem Truppenteil durch Fahnenflucht entzogen habe. Die Wehrpflicht sei in Deutschland, wie wohl in allen Ländern, in denen sie bestehe, eine der wichtigsten staatsbürgerlichen Pflichten. Ein gegen diese Pflicht verstoßendes Rechtsgeschäft sei als gegen die guten Sitten verstoßend gemäß § 138 Abs. 1 BGB. nichtig.

Der erste Einwand, der dieser von der deutschen Regierung aufgestellten Theorie entgegensteht, ist der, daß, wie bereits ausführlich dargelegt wurde, der Anwerbevertrag des Fremdenlegionärs nicht privatrechtlicher, sondern öffentlich-rechtlicher Natur ist.

---

[1] Seite 13 ebenda.

[2] Vgl. Niemeyer in DJZ. vom 15. Oktober 1908 S. 1123.

[3] Vgl. Deutsche Wehrordnung §§ 4, 5; Reichsstrafgesetzbuch § 140 Nr. 1; Militärstrafgesetzbuch §§ 69, 70.

Es ist ferner ein Vertrag, der dem französischen Staatsrecht angehört. Daraus folgt, daß nicht deutsche Bestimmungen, sondern ausschließlich französische Bestimmungen auf ihn Anwendung finden.

Daß er dem öffentlichen Recht angehört, ist allerdings kein Grund, daß er nicht nichtig sein könnte. Denn auch öffentlich-rechtliche Verträge können aus den verschiedensten Gründen, z. B. wegen Formfehler, nichtig sein. Eine analoge Anwendung der für die Nichtigkeit privatrechtlicher Verträge getroffenen gesetzlichen Anordnungen erscheint hier in weitestem Maße am Platze [1]. Nur daraus, daß der französische Staat deutsche Wehrpflichtige, ja selbst deutsche Fahnenflüchtige in seine Reihen einstellt, kann man aber keinen Nichtigkeitsgrund herleiten. Denn vom französischen Standpunkt aus liegt darin nichts Unsittliches. Man wird es unter Umständen für eine unfreundliche Handlung erklären können, aber so weitgehende rechtliche Konsequenzen daran zu knüpfen, erscheint nicht zulässig.

Ist der Vertrag also nicht nichtig, weil fremde Waffenpflichtige eingestellt werden, so könnte er es doch sein, weil eine unsittliche Ausbeutung der Legionäre vorliegt. Vier Pfennige pro Tag als Lohn für eine überaus anstrengende Tätigkeit! Und dabei suchen ernsthafte französische Schriftsteller dieser Maßnahme eine Begründung zu geben, die einer Verspottung ganz außerordentlich ähnlich sieht. Aus der Not wird eine Tugend gemacht. Der französische Staat bietet den Legionären keine größeren Vorteile, setzt keine Prämien aus, erhöht den Sold nicht, aus Gefälligkeit gegenüber dem Ausland, insbesondere natürlich Deutschland. Poimiro [2] scheut sich nicht, diese Behauptung in aller Breite aufzustellen. Gegenüber einer

---

[1] Vgl. Kormann, System der rechtsgeschäftlichen Staatsakte § 31.

[2] Vgl. Poimiro, Journal de droit international privé, 1914, S. 35: „D'après certains critiques allemands la légion est le refuge des déserteurs étrangers. Un tel état de choses est incompatible avec nos idées sur le service militaire, et d'une immoralité incontestable. Certes il en serait ainsi au cas, où nous ferions aux jeunes gens des propositions alléchantes afin de les attirer dans notre armée; mais nous ne donnons ni primes d'engagement, ni soldes élévées, ce qui reduit singulièrement la portée des reproches."

solchen Begründung kann nicht energisch genug Verwahrung eingelegt werden. Sie beweist zur Genüge, daß man sich auch in Frankreich wohl bewußt ist, wie sehr die Fremdenlegion in mancher Beziehung zu schweren Bedenken Anlaß gibt. Man vertraut darauf, daß mit völkerrechtlichen Grundsätzen sich nur wenig gegen das Institut der Fremdenlegion ausrichten läßt, weil es eine Einrichtung des internen französischen Staatsrechts ist und eine Verletzung des internationalen Rechts sich nur in seltenen Fällen begründen lassen wird. Poimiro gibt zu, daß eine „immoralité incontestable" vorliegt, wenn fremden Deserteuren eine Zufluchtsstätte bereitet wird. Er bestreitet, daß dies der Zweck der Legion ist. Aber es muß doch zugegeben werden, daß in zahlreichen Fällen tatsächlich die Legion zu einem Asyl für Deserteure und Verbrecher wird, mag dieser Erfolg bezweckt sein oder nicht. Nach dem schon oft betonten Grundsatz, daß die Unsittlichkeit ein relativer Begriff ist, muß man auch hier wieder die Möglichkeit, einzugreifen, verneinen. Das einzige Gegenmittel besteht darin, immer und immer wieder öffentlich auf diese Mißstände hinzuweisen, um, wenn angängig, durch den Druck der öffentlichen Meinung etwas zu erreichen, in jedem Falle aber die deutschen Staatsangehörigen aufzuklären und abzuschrecken.

Läßt sich also eine prinzipielle Nichtigkeit der Anwerbeverträge wegen Verstoßes gegen die guten Sitten nicht halten, so beweist dies natürlich nichts dagegen, daß nicht im Einzelfall gar mancher Legionsvertrag unwirksam sein kann, aus Gründen, deren genaue Normierung sich im Privatrecht findet und deren analoge Anwendung unvermeidlich ist. Namentlich Ausschluß der freien Willensbestimmung zur Zeit des Vertragsschlusses, Drohung, Täuschung werden hier in Betracht kommen. Der scharfe Unterschied zwischen Nichtigkeit und Anfechtbarkeit läßt sich freilich nicht in gleicher Weise, wie er für das Privatrecht gilt, auf das öffentliche Recht übertragen [1].

Darf man den überaus zahlreichen Nachrichten von Legionären Glauben schenken, die in sinnlos trunkenem Zustand den Anwerbevertrag unterzeichnet haben, die mit Gewalt auf die Werbebureaus geschleppt worden sind, so ist die Überzeugung

---

[1] Vgl. über die höchst ungeklärte Frage Kormann, a. a. O. S. 203 ff.

gerechtfertigt, daß viele dieser Verträge mit einem Rechtsmangel behaftet sind. In zahlreichen Fällen wird Ausbeutung der Notlage vorliegen. In allen diesen Fällen wäre Unwirksamkeit des Vertrags anzunehmen. Das sind naturgemäß Tatfragen, die sich einer genaueren juristischen Betrachtung an dieser Stelle entziehen; nur soviel darf allgemein gesagt werden, daß in allen Fällen, wo der Legionär einen solchen Anspruch gegen die französische Regierung geltend machen kann, ihm der Schutz des Reiches auf Grund des Art. 3 Abs. 6 der Reichsverfassung nicht versagt werden darf. Der Legionär kann wählen, ob er sich beschweren oder den Schutz seines Heimatstaates anrufen will; ob er zum Ziel kommt, ist allerdings keine Gewißheit. Die dieserhalb in den Ausführungen Meurers[1]. betreffend die „Klagen von Privatpersonen gegen auswärtige Staaten", vorgebrachten Bedenken sind auch für Fälle der hier vorliegenden Art zutreffend. Es handelt sich in Art. 3 R.-V. nicht um einen Rechtsanspruch, sondern um einen Anspruch politischer Natur. Ob das Auswärtige Amt sich im Einzelfalle der Sache des Staatsangehörigen annimmt, bleibt ungewiß. Dieser hat kein subjektives Recht gegen seinen Heimatsstaat. Der in Art. 3 Abs. 6 R.-V. gewährte Schutzanspruch ist „mehr eine Drohung nach außen, als ein Recht nach innen"[2]. In manchen Fällen wird man davon absehen, einzugreifen, obwohl das Recht auf der Seite des Schutz suchenden Legionärs steht, weil die auf dem Spiel stehenden Interessen zu groß sind gegenüber der Bedeutung, welche dem Individuum zukommt, und weil die Folgen unabsehbar sind.

Ganz besondere Aufmerksamkeit muß endlich der Tätigkeit der französischen Werber gezollt werden. Daß sie im Auftrag der französischen Regierung handeln, zum mindesten teilweise, erscheint ziemlich sicher, wie heftig es auch von französischer Seite bestritten wird[3]. Sonderbarerweise ist es bislang nicht gelungen, eines Werbers habhaft zu werden, der gewissermaßen als Schulbeispiel dienen könnte und dessen Festnahme als Grundlage für eine diplomatische Aktion geeignet wäre. Allein die

---

[1] Vgl. Meurer in Zeitschrift für Völkerrecht und Bundesstaatsrecht, 1914, S. 1 ff.

[2] Vgl. Meurer a. a. O.

[3] Vgl. Moch, La Question de la Légion étrangère S. 99 ff.

fast tagtäglich sich mehrenden Meldungen von Legionären, die von fremden Leuten angesprochen, in eine Wirtschaft gelockt und dort trunken gemacht wurden, um dann auf die Werbebureaus geschleppt zu werden, lassen keinen Zweifel, daß die Nachrichten, sei es auch nur in beschränktem Maße, der Wahrheit entsprechen.

Wir wiederholen nochmals, daß, wenn es auch nicht angeht, die französischen Werbeverträge ganz allgemein für nichtig zu erklären, doch im konkreten Fall aus den verschiedensten Gründen Nichtigkeit vorliegen kann; zum anderen aber auch, daß häufig bei der Anwerbung der Legionäre nicht alles so zugeht, wie es von einem streng rechtlichen und sittlichen Standpunkt aus wünschenswert wäre. Man braucht die Hoffnung nicht aufzugeben, daß das auf so hoher Kulturstufe stehende französische Volk mit der Zeit sich der Unwürdigkeit dieser Verhältnisse selbst bewußt wird und aus eignem Antrieb die bessernde Hand anlegt.

Poimiro rühmt den Heroismus der treuen Legionäre und zollt seine Bewunderung diesen Kindern des Unglücks und der Not, diesen Aufrührern, denen Frankreich seine mütterlichen Arme weit öffnet, die es zu neuem Leben erweckt. Möge Frankreich, wenn es solche Gesinnung hegt, seinen Legionären ein würdigeres Los bereiten. Dann werden die Klagen gegen das Institut der Fremdenlegion von selbst an Wirkung und Bedeutung verlieren.

Die Auffassung französischer Schriftsteller[1], daß ohne die Fremdenlegion es einfach mehr Vagabunden und Landstreicher gäbe, stimmt dazu allerdings schlecht. Denn eine Horde solcher Individuen ist eine unwürdige Truppe, die einen Schandfleck der Zivilisation darstellt und deren Gegenüberstellung im Krieg gegen eine Schar ehrsamer und wackerer Männer, die für ihr Vaterland mit Opfermut und Begeisterung ihr Leben in die Schanze schlagen, schwerlich gebilligt werden kann.

Man gewinnt fast den Eindruck, als ob Chauvinismus und Übereifer dem französischen Volk den klaren Blick für die Schwächen der Legion genommen hätten.

---

[1] Vgl. Rolland, a. a. O. S. 698, und Poimiro, Journal de droit international privé, 1914, S. 35.

Drittes Kapitel.

Der Verwendungsbereich der Fremdenlegion.

§ 7.

Dürfen die Fremdenlegionäre überhaupt in einem europäischen Kriege verwandt werden?

Jeder Legionär muß sich seit der Ministerialverfügung vom 7. Juni 1836 in seinem Anwerbevertrag verpflichten, der Legion überallhin zu folgen, wohin sie von der französischen Regierung nach freiem Ermessen gesandt wird. Es erheben sich hier zwei Fragen, erstens, ob diese Befugnis der Regierung unbeschränkte Geltung hat, ob nicht völkerrechtliche Grundsätze bestehen, die die Verwendung der Fremdenlegion im Kriege gegen eine europäische Macht verbieten, zweitens, ob etwa den in der Legion dienenden Angehörigen des befehdeten Staates ein Recht zusteht, den Kampf gegen ihr Vaterland zu verweigern.

Zur Beantwortung der ersten Frage muß man auf den ursprünglichen Zweck der Legion, wie er sich aus dem Organisationsdekret ergibt, zurückgreifen. Danach sollte sie nur außerhalb des Kontinentalgebiets verwandt werden. Allein hierauf kann nur wenig Gewicht gelegt werden; denn einmal kann man nicht annehmen, daß durch diese Bestimmung ihre Verwendung auf kontinentalem Gebiet ausgeschlossen sein sollte, und außerdem müßte man diese Bestimmung für obsolet erklären, nachdem die französische Regierung zu wiederholten Malen, wie erwähnt, der Legion den Befehl gegeben hat, außerhalb des Kolonialreichs in den Kampf zu ziehen, und diesem Befehl stets Folge geleistet wurde. Die Befugnis, ihre eignen Gesetze abzuändern oder außer Kraft zu setzen, was auch stillschweigend geschehen könnte, läßt sich keiner Nation streitig machen.

Würde nun eine solche Verwendung der Fremdenlegion auf europäischem Boden das Völkerrecht verletzen? Das Recht zu ihrer Verwendung in Friedenszeiten, etwa um innerhalb Frankreichs eine Heerstraße zu bauen, kann unberücksichtigt bleiben. In Betracht kommt für uns nur ihre Verwendung in

Kriegszeiten. Schon seit Gründung der Legion sind selbst französischerseits die Stimmen nicht verstummt, welche die letztere Art der Verwendung der Legionäre neben den eigentlichen französischen Truppen für unzulässig erklärten. Bereits bei der Beratung des Organisationsgesetzes vom 9. März 1831 erklärte der Berichterstatter Caux, daß die Legion ausschließlich in den Kolonien Verwendung finden solle, „um nicht den Argwohn der fremden Mächte zu erregen". Begreiflicherweise fand er nicht die Zustimmung der Mehrheit, welche sogar so weit ging, einen Zusatzantrag des Abgeordneten Boissy d'Angles zurückzuweisen, wonach die Verwendung auf kontinentalem Boden wenigstens auf Kriegszeiten eingeschränkt werden sollte. Auch heute wird, wie Poimiro, leider ohne nähere Bezeichnung der betreffenden Schriftsteller, mitteilt [1], noch die Ansicht vertreten, daß die Legion nicht in einem kontinentalen Krieg verwandt werden dürfte. Allein es ist nicht einzusehen, wie diese Auffassung, so sympathisch auch das von ihr erstrebte Ziel zweifellos ist, rechtlich begründet werden sollte. Man wird nicht einmal behaupten können, soweit es sich um die zuerst angeschnittene Frage handelt, daß durch eine Verwendung der Legion gegen feindliche europäische Mächte den Postulaten der Kultur und der Humanität zuwider gehandelt würde. Im besten Fall könnte man von einem Mißbrauch der Legion reden. Völkerrechtlich zulässig ist ihre Verwendung in europäischen Kriegen unbedingt.

§ 8.

Dürfen die Fremdenlegionäre gegen ihr Heimatland verwandt werden?

Die Beantwortung der zweiten Frage, ob auch diejenigen Legionäre ins Feld gestellt werden dürfen, welche Angehörige der feindlichen Nation sind, ist heute völkerrechtlich geregelt.

Frankreich hat im deutsch-französischen Kriege 1870/71 die deutschen Legionäre in Algier zurückgelassen und nur den Rest der Legion in den Kampf gegen die deutschen Truppen gesandt.

Bruderkriege, so zahlreich sie die Geschichte auch gesehen hat, sind im höchsten Grade verabscheuungswürdig und

[1] Vgl. a. a. O. S. 135.

mit den Begriffen von Kultur und Humanität des zwanzigsten Jahrhunderts unvereinbar. Unvergleichlich schlimmer aber ist es, wenn ein Soldat wider seinen Willen gezwungen werden sollte, für den natürlichen Feind kämpfend, die Hand gegen den Bruder zu erheben. Es ist daher aufs freudigste zu begrüßen, daß die zweite Haager Konferenz die Unzulässigkeit solchen Zwanges zu einem Satz des kodifizierten Völkerrechts gemacht hat, indem sie in Art. 23 Abs. 2 bestimmt:

> „il est également interdit à un belligérant de forcer les nationaux de la partie adverse à prendre part aux opérations de guerre dirigés contre leur pays, même dans le cas, où ils auraient été à son service avant le commencement de la guerre“ [1].

Der letzte Satz trifft genau die Verhältnisse der Fremdenlegion. Der deutsche Legionär, der vor Ausbruch der Feindseligkeiten sich der Fremdenlegion verschrieben hat, vielleicht seit vielen Jahren in ihr dient, darf in dem Moment, wo die Legion gegen deutsche Truppen geführt wird, obwohl letzteres zulässig ist und er sich verpflichtet hat, der Legion überallhin zu folgen, gleichwohl nicht als Kombattant gegen die Truppen seines Heimatsstaats verwandt werden. Seinem Vorgesetzten müßte er freilich trotzdem gehorchen, falls dieser ihm befehlen sollte, an dem Feldzug teilzunehmen. Aber dieser Vorgesetzte würde dadurch Frankreich ins Unrecht setzen. Wie er selbst disziplinarisch sich strafbar machen kann, würde Frankreich seinerseits sich völkerrechtlich der Verletzung der Haager Akte schuldig machen, nachdem letztere von Frankreich mit der Kraft einer loi d'Etat publiziert ist. Diese Bestimmung ist eine Fortbildung des Art. 44 des Kriegsgesetzbuchs der ersten Haager Konferenz, worin der Bevölkerung eines besetzten Gebietes Schutz gegen den Zwang gewährt wurde, an Kriegsunternehmen gegen ihr eigenes Land teilzunehmen [2]. Unstreitig ein bedeutsamer Fortschritt, der für den hohen Wert der Haager Konferenzen beredtes Zeugnis ablegt.

Es ergibt sich somit, daß der Verwendungsbereich der Fremdenlegion als solcher nach völkerrechtlichen Grundsätzen ein unbeschränkter, der des einzelnen Legionärs hingegen begrenzt ist.

---

[1] Vgl. Strupp, Urkunden zur Geschichte des Völkerrechts II 450.

[2] Vgl. Meurer, Die Haager Friedenskonferenz, II. Bd. S. 244.

§ 9.

Die zur zweiten Haager Friedenskonferenz gestellten deutschen Anträge, betreffend die Kriegsdienste neutraler Personen (Verwendung der Legionäre gegen Staaten, zu denen sie in keinem staatsrechtlichen Verhältnisse stehen).

Die Beschränkungen, denen nach dem zuvor Gesagten die Staaten hinsichtlich der Verwendung fremder Staatsangehöriger zu Kriegsdiensten unterworfen sind, sind recht geringe. Sie zu vermehren und gleichzeitig den Begriff der Neutralität auszubauen, war der Zweck der zwölf Anträge, die die deutsche Regierung der Haager Friedenskonferenz zur Regelung des exterritorialen Neutralitätsrechts vorgelegt hat.

So geläufig dem heutigen Völkerrecht der Begriff der territorialen Neutralität ist, die sich unmittelbar auf den einzelnen Staat bezieht und dadurch mittelbar auch auf alle Domizilierten des betreffenden Staates ausgedehnt ist, mögen sie Angehörige des neutralen Staates sein oder nicht, so fremd war ihm bis vor kurzem der Begriff der exterritorialen Neutralität. Man versteht darunter die Neutralität, die auch außerhalb des Territoriums den Angehörigen eines neutralen Staates anhaftet und daher als exterritoriale oder personale bezeichnet wird. Da nach den im übrigen gültigen Normen nur Staaten, nicht aber einzelne Individuen neutral sein können, folgt ferner, daß hier der Begriff „Neutralität" in einem neuen, um nicht zu sagen unrichtigen Sinn gebraucht ist. Die von der exterritorialen Neutralität Ergriffenen müßten hinsichtlich der für die Angehörigen ihres Domizilstaates gültigen Regeln, insbesondere der Kriegsgewalt, ganz oder teilweise eximiert sein.

Da ferner den deutschen Anträgen zufolge die Verwendung fremder Staatsangehöriger im Kriege, selbst mit ihrer Einwilligung, unzulässig gewesen wäre, hätte mit ihrer Annahme der französischen Fremdenlegion die Todesstunde geschlagen. Denn so Nützliches auch die Legionäre als Erbauer von Heerstraßen und dergl. für Frankreich geleistet haben, mit dem Augenblick, wo ihre Verwendung zu Kriegsdiensten für völkerrechtswidrig und demzufolge unzulässig erklärt werden würde, hätte sie auch für Frankreich ihre Existenzberechtigung verloren und würde ohne Zweifel aufgelöst werden.

Angesichts dieser unvermeidlichen Konsequenzen darf es nicht verwundern, daß die deutschen Anträge auf heftigsten Widerstand stießen und im wesentlichen zum Scheitern gebracht wurden. Was von ihnen übrig blieb, ist im III. und IV. Kapitel der „convention concernant les droits et les devoirs des puissances et des personnes neutres en cas de guerre“ [1] enthalten. Darauf wird später zurückzukommen sein. Aber auch abgesehen hiervon sind die deutschen Anträge nicht ganz vergeblich gewesen. Sie haben der Wissenschaft neue Anregung zum Ausbau des Neutralitätsrechts gegeben, zudem steht zu erwarten, daß zukünftige Verhandlungen über diese bedeutsame Frage die deutschen Anträge zum Ausgangspunkt haben werden.

Im folgenden soll zunächst der Inhalt der deutschen Anträge, soweit er für uns von Interesse ist, dargestellt werden und anschließend eine Besprechung der von den verschiedenen Mitgliedern der Konferenz vorgebrachten Bedenken, sowie der Abänderungsanträge folgen.

Die Anträge zerfallen in drei Kapitel, von denen das erste eine Definition des Begriffs der neutralen Person gibt und das zweite die von den neutralen Personen geleisteten Dienste betrifft, während das dritte von dem Eigentum der neutralen Personen handelt.

Die Definition der neutralen Personen lautet: „Als neutrale Personen sind anzusehen die Angehörigen eines an dem Kriege nicht beteiligten Staates.“ Diese Definition hat in Art. 16 der Neutralitätskonvention Aufnahme gefunden [2]. Da unter den an dem Krieg nicht beteiligten Staaten die neutralen Staaten verstanden werden müssen, bedeutet die Definition der Neutralen die Übertragung des bisher nur auf Staaten anwendbaren Begriffs der Neutralität auf Einzelpersonen unter gleichzeitiger Erweiterung der Wirkung, welche der Neutralitätserklärung eines Staates zukommt. Denn sie ergreift jetzt auch diejenigen Staatsangehörigen, welche sich nicht im Heimatsstaate aufhalten.

Der auf diese Definition des deutschen Antrages folgende Art. 62 stellt die Regel auf, daß die Verletzung der Neutralität

---

[1] Vgl. Strupp, a. a. O. *S.* 455.
[2] Vgl. Strupp, a. a. O. S. 457.

den Verlust der Eigenschaft einer neutralen Person gegenüber beiden kriegführenden Parteien nach sich zieht und gibt dann an, was unter der Neutralitätsverletzung verstanden wird. Als Verletzung der Neutralität gilt:

a) wenn die neutrale Person feindliche Handlungen gegen eine der kriegführenden Parteien unternimmt;

b) wenn sie Handlungen zugunsten einer der kriegführenden Parteien unternimmt, insbesondere wenn sie freiwillig Dienste in der bewaffneten Macht einer der Parteien nimmt.

Auch diese Bestimmungen sind durch Aufnahme in Art. 17 des Neutralitätsabkommens kodifiziert worden. Allerdings haben sie dort noch einen Zusatz bekommen, der den Neutralitätsbrüchigen die Gleichstellung mit den Angehörigen der kriegführenden Gegenpartei zusichert. Dieser Nachtrag ist auf die Initiative der schweizerischen Delegation zurückzuführen [1]. Er bedeutet entschieden eine Verbesserung. Nach dem deutschen Antrag wäre nur soviel sicher gewesen, daß der Neutralitätsbrecher nicht mehr als neutrale Person zu gelten gehabt hätte. Wie seine Stellung im übrigen zu beurteilen sei, wäre damit aber nicht gesagt gewesen. Der Betreffende wäre möglicherweise als rechts- und heimatlos behandelt worden [2].

Die Möglichkeit, daß Konflikte entstanden wären, wäre beträchtlich gewesen. Durch den angefügten Zusatz ist klargestellt, daß der Neutralitätsbrecher sich lediglich nicht mehr auf die den Neutralen eingeräumten Sonderrechte berufen kann.

Gegenüber den Bestimmungen des Art. 62 schafft Art. 63 kasuell aufgestellte Ausnahmen, indem eine Neutralitätsverletzung im Sinne von Art. 62 b dann nicht vorliegen soll, wenn einer der kriegführenden Parteien Lieferungen gemacht oder Darlehen bewilligt wurden, vorausgesetzt, daß diese Lieferungen oder Darlehen nicht aus dem dem Feind gehörigen oder von ihm besetzten Gebiete herrühren. Auch Dienste, die zu Zwecken der Polizei oder Zivilverwaltung geleistet sind, werden ausgenommen.

Aus dem System der beiden Artikel 62 und 63 ergibt sich, daß weitere Ausnahmen von dem in Art. 62 enthaltenen Prinzip

---

[1] Actes et documents III S. 271.

[2] Vgl. Huber, Fortbildung des Völkerrechts, S. 604.

nicht zulässig sind. Die Einschränkungen des Art. 63 sind vielmehr ausschließlicher Natur.

Damit ist das erste Kapitel der deutschen Anträge erschöpft. Sein Inhalt brachte im wesentlichen nichts Neues und fand daher auch im großen und ganzen den Beifall der Konferenz. Für die deutsche Regierung bedeutete er nicht mehr als die Grundlage für neuartige, hochbedeutsame Kodifikationsvorschläge, die, wenn sie auch praktische Bedeutung infolge der ablehnenden Haltung der Konferenz nicht erlangt haben, doch für die vorliegende Untersuchung mit Rücksicht auf ihre engen Beziehungen zur französischen Fremdenlegion von großem Interesse sind.

In dieser Richtung ist das zweite Kapitel der deutschen Anträge grundlegend. Es besteht aus folgenden drei Artikeln: Art. 64: Die kriegführenden Parteien dürfen die neutralen Personen, selbst mit ihrer Einwilligung, nicht zur Leistung von Kriegsdiensten heranziehen.

Als Kriegsdienste werden alle von einem Neutralen in der bewaffneten Macht einer der kriegführenden Parteien als Soldat, als Berater und, soweit es auf Gesetzen, Verordnungen und Befehlen für diese Macht beruht, auch in anderer Eigenschaft, z. B. als Sekretär, Handwerker oder Koch geleisteten Dienste angesehen. Ausgenommen sind die zugunsten der Kirche oder von Kranken geleisteten Dienste.

Art. 65. Die neutralen Mächte sind verpflichtet, ihren Staatsangehörigen die Annahme von Kriegsdiensten in der bewaffneten Macht einer der kriegführenden Parteien zu untersagen.

Art. 66. Die neutralen Personen können gegen ihren Willen nicht gezwungen werden, andere nicht als Kriegsdienste angesehene Dienste in der bewaffneten Macht einer der kriegführenden Parteien zu leisten.

Es ist jedoch erlaubt, sie außerhalb des Kampfes zu polizeilichen und gesundheitspolizeilichen Diensten heranzuziehen. Solche Dienste müssen, soviel wie möglich, sofort bezahlt werden, andernfalls müssen Empfangsbescheinigungen darüber ausgestellt werden.

Die Bestimmungen dieses zweiten Kapitels haben kein geringeres Ziel, als die Verwendung fremder Staatsangehöriger ganz und gar unmöglich zu machen. Sie sind in dieser Beziehung so umfassend und konsequent, wie nur denkbar. Während Art. 64 es den kriegführenden Staaten verbietet, die von neutralen Personen angebotenen Kriegsdienste anzunehmen — selbst wenn dieses Angebot freiwillig erfolgt —, sollen gemäß Art. 65 die neutralen Staaten auch noch obendrein verpflichtet sein, ihrerseits ihren Staatsangehörigen die Teilnahme am Krieg zu verbieten. Und wie auf der einen Seite der Begriff der Kriegsdienste außergewöhnlich weit ausgedehnt ist, indem sogar die Tätigkeit der Handwerker und Köche darunter subsumiert wird, ist auf der anderen Seite die Verwendung von Neutralen zu anderen als Kriegsdiensten durch Art. 66 beschränkt.

Wenn auch ohne Zweifel mancherlei humane Erwägungen zugunsten der deutschen Anträge sprechen und auch, namentlich mit Rücksicht auf die wünschenswerte Vermeidung von Konflikten, eine weitgehende Regelung des Neutralitätsrechts unstreitig einen bedeutenden Fortschritt dargestellt hätte, so kann doch nicht verkannt werden, daß die deutschen Anträge teils nicht unbedeutende Schwächen aufwiesen, teils dem praktischen Bedürfnis zu wenig entgegenkamen, indem sie sich in schroffen Widerspruch mit dem Staatsrecht zahlreicher Staaten setzten.

Als geradezu unzweckmäßig muß die Bestimmung des Art. 65 bezeichnet werden. Nach dem geltenden Völkerrecht trifft den Staat keine Verantwortung für die Handlungen, die von seinem Angehörigen außerhalb des Territoriums begangen werden. Diese Regel ist die allein logische. Denn der betreffende Staatsangehörige ist, sobald er sich im Ausland befindet, der unmittelbaren Gewalt seines Heimatsstaates entzogen. Der deutsche Antrag verlangt, daß der Heimatsstaat seinen Angehörigen verbieten solle, fremde Kriegsdienste zu übernehmen. Er wird also zu diesem Zweck ein Strafgebot erlassen. Diesem Strafgebot müßte natürlich die Strafexekution folgen, andernfalls wäre es wertlos. Wie ist aber diese Exekution zu denken? Das Delikt kann nur im Ausland begangen werden. Die unmittelbare Macht über den im Ausland befindlichen Staatsangehörigen kann der Heimatsstaat nur durch Vermittlung des Domizilstaates erlangen. Diese Vermittlung ist aber ausgeschlossen, sobald das Delikt des Strafwürdigen lediglich darin besteht, daß er seinem Domizilstaate Kriegsdienste geleistet hat. Einem Auslieferungsverlangen könnte der Domizilstaat niemals nachkommen, ohne sich dem Auszuliefernden gegenüber eines verräterischen Undanks schuldig zu machen. Der Heimatsstaat auf der anderen Seite würde seinem Ansehen wenig nützen, wenn er ein Strafgebot erließe, ohne die Möglichkeit zu besitzen, seine Drohungen wahr zu machen. Das neutrale Individuum schließlich würde sich mit höhnischer Miene über die ungefährliche Strafdrohung hinwegsetzen, also ein in jeder Beziehung unerfreulicher Zustand.

Man könnte hier vielleicht den Einwand erheben, es werde häufig vorkommen, daß solche Personen eines Tages wieder in ihren Heimatsstaat zurückkehren. Dann könne letzterer sie festnehmen und bestrafen. Dieser Einwand würde auf einem Mißverständnis bezüglich des Zwecks der Haager Konvention beruhen. Diese hat mit internem Staats- und Strafrecht nichts zu tun, sondern will völkerrechtliche Normen schaffen. Solche sind aber nicht in der Weise denkbar, daß jeder Staat von sich aus im Kampf mit den übrigen Staaten auf den Moment wartet, wo er eines Delinquenten habhaft wird, den der andere, gleichfalls der Völkerrechtsgemeinschaft angehörende Staat nicht herausgibt. Dieser muß vielmehr dem anderen Staat in die Hand arbeiten. Nur dann kann man davon reden, daß das Völkerrecht zur Anwendung gebracht werde. Im anderen Fall würde es sich um interne Strafbestimmungen des einzelnen Staates handeln.

Der Art. 65 hat überhaupt nur einen Wert, wenn er in Verbindung mit Art. 64 gebracht wird. Als selbständige Bestimmung ist er unmöglich. Art. 64 verbietet den Staaten, neutrale Personen, selbst mit ihrer Einwilligung, zu Kriegsdiensten heranzuziehen. Man wird die Behauptung aufstellen dürfen, daß dieser Artikel genügen würde und für die in Art. 65 normierte Strafdrohung des Heimatsstaates kein Bedürfnis besteht. Überdies läßt es sich schwer mit dem Begriff der Neutralität vereinigen, dem neutralen Staate so weitgehende aktive Verpflichtungen aufzuerlegen [1]. Wenn der kriegführende

---

[1] Vgl. Huber, Fortbildung des Völkerrechts in „Öffentl. Recht der Gegenwart“, 1901, S. 603.

Staat neutrale Personen unter keinen Umständen einstellen darf, so ist der Zweck erreicht. Es genügt, wenn die neutralen Staaten ihre Pflicht ad non faciendum erfüllen. Ihnen noch obendrein eine solche ad faciendum aufzubürden, ist unzweckmäßig.

Daß die in Art. 64 gestellten Anträge ihrerseits den Beifall der Konferenzmehrheit nicht gefunden haben, ist bedauerlich. Ihre Annahme hätte den Rechtsverhältnissen zwischen kriegführenden und neutralen Staaten mehr Stabilität verliehen und hätte durch Stärkung des durch das Indigenat geschaffenen rechtlichen Bandes den neutralen Personen eine Sonderstellung verliehen. Diese wären fortab in jedem Falle an den kriegerischen Vorgängen unbeteiligt geblieben.

Die Neuerung, man darf wohl sagen der Fortschritt, wäre zu gewaltig gewesen, als daß die Mehrheit der auf der Konferenz vertretenen Staaten sich so schnell zu einer Annahme der Reformvorschläge hätte verstehen können. Dazu kam, daß die neuen Bestimmungen einschneidende Änderungen in Bezug auf das Staatsrecht mehrerer an der Konferenz beteiligter Staaten bedingt hätten. Frankreich und Holland hätten ihre Fremdenlegionen preisgeben müssen, denn diese bestehen fast ausschließlich aus fremden Staatsangehörigen, die freiwillig Kriegsdienste übernommen haben. Ihre Verwendung im Kriege hätte also dem Art. 64 Abs. 1 widersprochen. In einigen Staaten wiederum (z. B. Norwegen, Dänemark u. a.) sind Ausländer dienstpflichtig[1]. Nach alledem darf es nicht wundernehmen, wenn das Schicksal der deutschen Anträge ein wenig glückliches war[2].

Auf die langwierigen Verhandlungen, die auf der Haager Konferenz hinsichtlich der deutschen Anträge gepflogen wurden,

---

[1] Vgl. Actes et documents III, S. 207 u. III, S. 44.

[2] Das dritte Kapitel der deutschen Anträge, welches sich auf das Eigentum der neutralen Personen bezog, kommt für uns weniger in Betracht. Auch von ihm ist nur ein kleiner Rest übrig geblieben, der sich heute in dem Kapitel 4 des Neutralitätsabkommens vorfindet. Er trägt die Überschrift „Du matériel des chemins de fer" und bestimmt hauptsächlich, daß die Einforderung neutralen Eisenbahnmaterials nur in dem Fall und in dem Maße zulässig sein soll, in dem es eine gebieterische Notwendigkeit erfordert (vgl. Strupp, a. a. O. S. 457).

im einzelnen einzugehen, kann hier nicht unsere Aufgabe sein. Nur soweit darin die Frage der Verwendung von Ausländern im Kriege berührt wurde, soll im folgenden auf sie eingegangen werden. Der erste deutsche Delegierte, Freiherr Marschall von Bieberstein, führte in der 5. Sitzung der zweiten Unterkommission der zweiten Kommission, in der die Anträge zum erstenmal beraten wurden, zahlreiche Gründe an, welche gegen die Verwendung von Ausländern und somit auch von Fremdenlegionären sprechen. Es werde dadurch die Gefahr heraufbeschworen, daß die Eintretenden Abenteurer seien und die Anwendung der Bestimmungen kriegsrechtlicher Humanität vereitelten. Sie seien ferner der Aufrechterhaltung der Disziplin nachteilig und gäben Anlaß zu Konflikten zwischen neutralen und kriegführenden Staaten [1]. Darum sollten überhaupt keine neutralen Personen in dem Heere der Kriegführenden Aufnahme finden. Der deutsche Delegierte fand den Beifall des amerikanischen und im wesentlichen auch des österreichischen Vertreters. Der englische Bevollmächtigte erklärte, diese Ausnahmestellung der Neutralen stehe in Widerspruch mit den Vorteilen, die ihnen gleich den Angehörigen des kriegführenden Staates zuständen. Auch die Vertreter der übrigen Staaten machten Einwendungen. Trotzdem waren am Schlusse dieser Sitzung die deutschen Anträge noch im wesentlichen in ihrer ursprünglichen Form aufrechterhalten.

Erst in der hierauf folgenden Sitzung wurde das Werk in seinen Grundlagen zerstört.

Der holländische Delegierte führte im Hinblick auf die niederländische Fremdenlegion aus, es sei widersinnig, Soldaten in Friedenszeiten anzuwerben, sie auszubilden, zu kleiden und zu ernähren, um im Kriegsfall auf ihre Dienste verzichten zu müssen. Die Legionäre seien freiwillig in Hollands Dienste getreten; daher sei es ein unbilliger Zwang, den man dem Staate einerseits und den Legionären anderseits auferlege, wenn letztere in dem Moment zum Verlassen der Truppe gezwungen seien, wo man ihrer am dringendsten bedürfe [2]. Der holländische Bevollmächtigte beantragte demgemäß, diejenigen Angehörigen

---

[1] Vgl. Actes et documents I S. 126.
[2] Vgl. Actes et documents III S. 206.

der neutralen Staaten von der Bestimmung des Art. 64 auszunehmen, die auf Grund freiwilligen Engagements schon zur Zeit des Ausbruchs der Feindseligkeiten in der Armee eines der Kriegführenden Kriegsdienste leisteten.

Diesem Antrag stimmte der deutsche Delegierte, Marschall von Bieberstein, ohne weiteres zu und erklärte sich mit der Streichung der Worte: „selbst mit ihrer Einwilligung" (même consentis) in Art. 64 einverstanden. Damit wurde sofort die ganze Sachlage verändert und die Bedeutung, welche den deutschen Anträgen zukam, beträchtlich vermindert. Für den Rahmen der vorliegenden Arbeit können die deutschen Vorschläge ebensowenig wie die darauf bezüglichen Verhandlungen der Konferenz von hier an mehr unmittelbares Interesse haben. Die Fremdenlegionen, welche Legionäre stets nur mit deren Einwilligung in Dienst nehmen, sind nunmehr nach wie vor völkerrechtlich anerkannt. Gerade auf sie hatten sich ja die zurückgezogenen Worte bezogen. Daß mit der Streichung der genannten Stelle die deutsche Vorlage schon zu einem guten Teil gescheitert war, ersieht man ohne weiteres aus den zuvor mitgeteilten Ausführungen des Delegierten Marschall von Bieberstein, in denen er das Abenteurerwesen der fremdländischen Krieger rügte. Diese Bemerkungen zielten doch offenbar auf das Legionswesen hin.

Für die Rechtsverhältnisse der französischen Fremdenlegion haben also die Verhandlungen der zweiten Haager Konferenz über die deutschen Anträge, die eine Ausdehnung des Prinzips der exterritorialen Neutralität anstrebten, ein Ergebnis nicht gehabt. Ehe wir die Erörterung über diese Materie schließen können, ist noch in kurzem auf das Schicksal der übrigen auf die Kriegsdienste Neutraler bezüglichen Bestimmungen einzugehen, die, wenn sie auch keine unmittelbare Anwendung auf die französische Fremdenlegion hätten finden können, doch in engem Zusammenhang damit stehen.

Wie schon früher erwähnt, widersprechen die deutschen Anträge in ihrem zweiten Kapitel, abgesehen von dem Institut der Fremdenlegionen, auch insofern dem Staatsrecht zahlreicher Staaten, als vielfach der Grundsatz gilt, daß Ausländer dienstpflichtig sind. Diese Bedenken brachte als erster der Norweger Hagerup vor. Er erklärte, daß Norwegen nicht nur seine

Staatsangehörigen, sondern auch diejenigen Ausländer zum Kriegsdienst heranziehe, welche in Norwegen ihren Wohnsitz haben[1]. Dementsprechend sei naturgemäß auch die Organisation des norwegischen Heeres eingerichtet. Es sei ganz unmöglich, im Fall des Ausbruchs eines Krieges die fremdländischen Elemente aus dem norwegischen Heer zu entfernen. Auf den gleichen Standpunkt stellte sich später der englische Delegierte, Lord Reay. Man dürfe den kriegführenden Staaten das Recht nicht streitig machen, diejenigen neutralen Personen, die auf Grund des bei ihnen gültigen Staatsrechts zum Kriegsdienste verpflichtet seien, in ihren Reihen zu verwenden. Namentlich gehe dies für die Kolonien nicht an. In diesen seien die ansässigen Ausländer gleich der übrigen Bevölkerung ausnahmslos zum Kriegsdienste verpflichtet[2].

Desgleichen machte der dänische Bevollmächtigte einen Einwand, da die Bestimmungen der Art. 64 und 65 im Gegensatz zu dem dänischen Aushebungsgesetz ständen, wonach Ausländer, die eine gewisse Zeit hindurch in Dänemark ihren Wohnsitz haben, dienstpflichtig sind.

Man kann nicht umhin, die Berechtigung der hier vorgebrachten Einwände anzuerkennen. Freiwillig werden diese Staaten ihre im Interesse der Landesverteidigung liegende Gesetzgebung nicht ändern. Ein Zwang kann aber nicht ausgeübt werden. Es muß im Ermessen des einzelnen Staates liegen, ob er auf die Kriegsdienste in seinem Gebiet ansässiger Ausländer verzichten will und kann[3].

Nachdem so durch die verschiedenen Abänderungsanträge die deutschen Anträge allmählich ins Gegenteil verkehrt worden waren, erklärte der deutsche Delegierte, daß er zu fast allen Artikeln des umgestalteten Entwurfs eine ablehnende Stimme abgeben werde. Denn „man habe nur den Kopf beibehalten, während vom Rumpf fast nichts übrig bleibe".

Das schließliche Ergebnis war denn auch ein völlig negatives. Von den sämtlichen Bestimmungen des ursprünglichen II. Kapitels, betr. die von neutralen Personen geleisteten Dienste, wurde keine einzige angenommen. Auf Antrag des luxem-

[1] Vgl. Actes et documents III S. 207.
[2] Vgl. Actes et documents III S. 44.
[3] Vgl. Actes et documents III S. 202.

burgischen Delegierten wurde aber wenigstens offiziell der Wunsch ausgesprochen, die einzelnen Regierungen möchten durch die innere Gesetzgebung und durch internationale Verträge das Völkerrecht weiter entwickeln [1].

Was von den deutschen Anträgen übrig blieb, ist lediglich das III. und IV. Kapitel des Landneutralitätsabkommens, dessen Inhalt an früherer Stelle mitgeteilt ist.

Die Konferenz fügte diesen vier angenommenen Artikeln folgenden Zusatz bei:

„Die Konferenz spricht den Wunsch aus:

1. daß im Kriegsfalle die zuständigen Zivil- und Militärbehörden es sich zur besonderen Pflicht machen, den Fortbestand des friedlichen Verkehrs und namentlich der kaufmännischen und industriellen Beziehungen zwischen der Bevölkerung der kriegführenden Staaten und den neutralen Ländern zu sichern und zu schützen;
2. daß die Mächte durch besondere Abkommen die Lage der auf ihren Gebieten ansässigen Ausländer in Ansehung der Militärlasten regeln."

Viertes Kapitel.

Die Gerichtsbarkeit, der die Fremdenlegionäre unterliegen.

§ 10.

Zuständigkeit der Kriegsgerichte.

Wir wenden uns im folgenden der Frage zu, welcher Gerichtsbarkeit die Legionäre unterstehen, ob diese insbesondere für alle Legionäre mit Rücksicht auf die mancherorts bestehende Konsulargerichtsbarkeit überall die gleiche ist, und werden anschließend auf den Casablanca-Streit eingehen, der im Jahre 1908 infolge der Unklarheit, die hinsichtlich des letztgenannten Punktes obwaltete, fast einen ernsten Konflikt mit Frankreich heraufbeschworen hätte.

Mag man selbst den Anwerbevertrag der Fremdenlegionäre mit Niemeyer für einen Kapitulationsvertrag erklären, der

[1] Vgl. Actes et documents III S. 97, 98.

privatrechtlicher Natur sei und ein Verhältnis staatsrechtlicher Militärpflicht der Legionäre gegenüber ihren Kommandobehörden nicht erzeuge, so wird man doch zugestehen müssen, daß der Fremdenlegionär sich in einem Verhältnis gesteigerter Gehorsams- und Untertanenpflicht gegenüber seinen vorgesetzten militärischen Behörden befindet, wie wir es nur beim militärischen Dienstverhältnis kennen. Der Legionär ist militärischer Untergeordneter, nicht bloß zivilrechtlich Leistungsverpflichteter gegenüber den französischen Militärbehörden, mag auch sonst sein Rechtsverhältnis in grundsätzlicher Beziehung von dem des gewöhnlichen Soldaten so verschieden sein, wie möglich. Alle Gründe, die dazu zwingen, den Anwerbevertrag seiner rechtlichen Natur nach zu einem Vertrag öffentlich-rechtlicher Art zu erklären, und die an früherer Stelle ausführlich dargelegt worden sind, müssen auch hier wieder berücksichtigt werden, da auch sie darauf schließen lassen, daß der französische Fremdenlegionär der Kriegsgerichtsbarkeit, nicht aber der ordentlichen bürgerlichen Gerichtsbarkeit unterworfen ist. Es handelt sich bei dem Dienst der Legionäre nicht um Rechtsverhältnisse, die, rein bürgerlicher Natur, auch der ordentlichen bürgerlichen Gerichtsbarkeit unterstehen, sondern um militärische Verhältnisse. In allen zivilisierten Staaten sind Krieger für die im Dienste begangenen Delikte den Militärgerichten verantwortlich. In Bezug auf ihr dienstliches Verhältnis, den weitaus überwiegend militärischen Charakter ihrer Beschäftigung, ihre Lebensweise, die durchaus nach militärischen Prinzipien geregelt und überwacht wird, ihr Gehorsamsverhältnis zu den Kommandobehörden stimmen die Fremdenlegionäre ebensosehr mit den übrigen Soldaten überein, wie sie sich von Arbeitern und sonstigen kraft Privatvertrages Dienste ziviler Natur verrichtenden Personen unterscheiden. Schon aus diesen Gründen muß man sich dahin entscheiden, daß die Fremdenlegionäre der Militärgerichtsbarkeit unterworfen sind.

Hierzu kommt, daß der französische Staat zu seinem Teil die Frage im gleichen Sinn entschieden hat, indem er die Fremdenlegionäre als französische Soldaten behandelt und sie ständig von Militärgerichten aburteilen läßt. Man wird es aber jedem Staat überlassen müssen, über die in seinem Bereich bestehenden Einrichtungen nach eigenem freien Ermessen zu bestimmen und für eine gewisse Gruppe von Personen nach Gutdünken diese oder jene Gerichtsbarkeit aufrechtzuerhalten. Gibt man aber die Berechtigung dieser Auffassung zu, so muß man auch die weitere Konsequenz ziehen, daß die einzelnen Entschließungen des Staates nicht der Kritik des Auslandes in der Weise unterliegen können, daß dadurch die Geltung und Wirksamkeit der geschaffenen Bestimmung in Frage gestellt werden könnte. Auch aus diesem Grunde kann es keinem Zweifel unterliegen, daß Deutschland, ebenso wie jede sonstige fremde Macht, anzuerkennen hat, daß die französischen Fremdenlegionäre für ihre Verbrechen und Vergehen der Aburteilung durch französische Kriegsgerichte unterworfen sind. So lautet wenigstens der Grundsatz. Ob in Einzelfällen Abweichungen zuzulassen sind, ist im folgenden zu prüfen.

§ 11.

Die Militärgerichtsbarkeit im Konflikt mit der Konsulargerichtsbarkeit.

Außergewöhnliche Verhältnisse, die leicht einen Konflikt herbeiführen können, bestehen namentlich in den Ländern, für die gewissen europäischen Mächten das Recht der Konsulargerichtsbarkeit über ihre Staatsangehörigen eingeräumt ist. In Tunis hat die Konsulargerichtsbarkeit aufgehört zu bestehen. In Marokko besteht sie noch. Das Deutsche Reich hat hier gemäß Art. 17 der Madrider Konvention vom 3. Juli 1880, welche nach Art. 123 der Generalakte der Internationalen Konferenz von Algeciras unverändert fortgilt, die Rechte der meistbegünstigten Nation. Auch hier wird sie in wenigen Jahren verschwinden, nachdem das französische Protektorat über Marokko von Deutschland anerkannt ist.[1, 2]

[1] Vgl. Art. 9 Abs. II der „Convention entre l'Allemagne et la France relative au Maroc" v. 4. Nov. 1911 (s. Jahrbuch des Völkerrechts I S. 57—58): Cette procédure restera en vigueur jusqu'au jour, où aura été institué un régime judiciaire, inspiré des règles judiciaires de législation des Puissances intéressées et destiné à remplacer après entente avec elles les tribuneaux consulaires.

[2] Vgl. auch den Briefwechsel zwischen Staatssekretär v. Kiderlen-Waechter und Jules Cambon, ambassadeur de la République française.

Es erhebt sich nun die Frage, ob ein deutscher Legionär, der in den Bereich der deutschen Konsulargerichtsbarkeit kommt, kraft seiner deutschen Staatsangehörigkeit der deutschen Konsularmacht oder kraft seiner Eigenschaft als Fremdenlegionär der französischen Militärmacht untersteht. Diese Frage soll zunächst ganz allgemein und ohne Rücksicht auf einen speziellen Fall untersucht werden.

Auszugehen ist davon, daß die Konsulargerichtsbarkeit und die französische Militärgerichtsbarkeit sich ihrem Wesen nach ausschließen. Es ist nicht denkbar, daß sowohl die deutsche Konsulargerichtsbarkeit als auch die französische Militärgerichtsbarkeit zuständig ist und im Einzelfall etwa derjenigen der Vorzug einzuräumen ist, welche zuerst tätig wird. Untersteht der Fremdenlegionär der französischen Kriegsgerichtsbarkeit, so muß der deutsche Konsul diese seinerseits anerkennen und darauf verzichten, dem deutschen Legionär, der ihn aufsucht, seinen Schutz angedeihen zu lassen.

Um zu dem entgegengesetzten Resultat zu gelangen, hat die deutsche Regierung aus Anlaß des Casablanca-Zwischenfalls, auf den im übrigen hier noch nicht eingegangen werden soll, ausgeführt, der Legionär sei nicht an die Legion gebunden und daher auch der französischen Gerichtsbarkeit nicht unterworfen, weil sein Anwerbevertrag von vornherein ungültig sei. Letzteres deshalb, weil der Legionär durch diesen Vertrag sich einer der wichtigsten staatsbürgerlichen Pflichten gegenüber seinem Vaterland entziehe, ein solcher Vertrag aber gegen die guten Sitten verstoße. Daß dieser Auffassung nicht beizupflichten ist, erstens weil sie die Annahme eines privatrechtlichen Anwerbevertrags zur Grundlage hat, zweitens aber, weil die Frage der Sittlichkeit nach französischen Begriffen zu

---

à Berlin (s. Jahrbuch I S. 66): Votre Excellence a bien voulu m'assurer que, le jour où aura été institué le régime judiciaire prévu par l'article 9 de la Convention précitée et où les tribuneaux consulaires auront été remplacés, le Gouvernement français aura soin que les ressortissants allemands soient placés sous la jurisdiction nouvelle exactement dans les mêmes conditions que les ressortissants français. Je suis heureux d'en prendre note et de faire connaître en même temps à Votre Excellence qu'au jour de l'entrée en vigueur de ce régime judiciaire après entente avec les Puissances le gouvernement allemand consentira à la suppression, en même temps que pour les autres puissances, de ses tribuneaux consulaires.

beurteilen ist, ist an früherer Stelle ausgeführt worden. Hier ist also nur nochmals festzustellen, daß auf Nichtigkeit des Anwerbevertrags sich die Ausschaltung der französischen Militärgerichtsbarkeit nicht stützen läßt.

Es ist weiterhin anzuerkennen, daß das im vorigen Abschnitt festgestellte Ergebnis, wonach militärische Vergehen von den französischen Militärgerichten abzuurteilen sind, auch im Fall der Desertionen aufrechtzuerhalten ist, soweit nur die Frage zur Erörterung steht, ob Kriegsgerichtsbarkeit Anwendung zu finden habe oder nicht. Eine Unterscheidung zwischen deutschen, italienischen und anderen Fremdenlegionären in dem Sinn, daß die Desertionen der einen nach deutschem, die der anderen nach italienischem Recht usw. jeweils von den betreffenden Konsulargerichten abgeurteilt werden, ließe sich nicht mit der Disziplin einer militärischen Truppe vereinbaren, noch auch damit, daß jede Truppe die Manneszucht in ihren Reihen nach eigenen Gesetzen durch ihre heimatlichen Behörden und Gerichte aufrechterhält und schützt [1].

Ebenso muß aber auch der Satz anerkannt werden, daß, wenn ein deutscher Fremdenlegionär sich in die Gewalt und den Schutz des deutschen Konsuls begibt und letzterer das Recht für sich in Anspruch nimmt, über das Schicksal dieses Deutschen zu befinden, dieser Besitzstand vom französischen Staat zu respektieren ist. Es erscheint nicht zulässig, daß die französischen Behörden mit Gewalt unter Verletzung der körperlichen Integrität der Konsulatsbeamten den Legionär dem Schutz des Konsuls entreißen [2]. Befindet sich aber der deutsche Legionär in der Gewalt des deutschen Konsuls, so drängt sich die Erwägung auf, ob der deutsche Konsul dem Legionär als einem französischen Deserteur seinen Schutz verweigern muß oder ob er ihn trotzdem schützen soll. Soll der deutsche Konsul aus völkerrechtlichen Grundsätzen gezwungen sein, das Dienstverhältnis des deutschen Staatsangehörigen gegenüber

---

[1] Vgl. Kohler, Casablanca-Sache, a. a. O. S. 32.

[2] Vgl. auch die Urteilsgründe des Haager Schiedsgerichts in seiner Entscheidung des Casablanca-Zwischenfalls: „C'est à tort que les autorités militaires françaises n'ont pas dans la mesure du possible, respecté la protection de fait exercée sur ces déserteurs au nom du Consulat allemand" (s. Protokolle der Sitzungen des Schiedsgerichts S. 159).

der französischen Fremdenlegion so sehr zu respektieren, daß er den Deserteur wieder an den französischen Staat ausliefert, wo doch der französische Staat bei Einstellung der Fremdenlegionäre deutscher Staatsangehörigkeit jedes militärische Dienstverhältnis der angehenden Legionäre gegenüber ihrem deutschen Vaterland völlig mißachtet?

Nehmen wir beispielsweise folgenden Fall: Ein deutscher Soldat entweicht während seiner aktiven Dienstzeit über die Grenze nach Frankreich, sucht ein Werbebureau auf und meldet sich zum Dienst in der Fremdenlegion. Die Anwerbekommission weiß, daß er deutscher Deserteur ist, sie sieht es, weil er noch deutsche Uniform trägt, oder er selbst setzt sie davon in Kenntnis. Sie hat sich nach den gesetzlichen Bestimmungen nicht darum zu kümmern und stellt den Deserteur ohne Bedenken ein. Sie liefert also nicht nur den Deserteur nicht aus — dies ist nach dem allgemein geltenden völkerrechtlichen Prinzip ihr Recht —, sondern sie ignoriert das deutsche Militärverhältnis vollständig und stellt den deutschen Deserteur in ihre eigenen Reihen ein, wodurch es ihm auf lange Zeit unmöglich gemacht wird, seinen staatsbürgerlichen Pflichten im Vaterlande nachzukommen. Unterstellen wir weiterhin, dieser nämliche deutsche Deserteur entweicht nach zweijährigem Dienst in der Fremdenlegion aus dieser und es gelingt ihm, das deutsche Konsulat in Casablanca zu erreichen. Er teilt dem Konsul mit, daß er ehemaliger deutscher Deserteur sei und noch anderthalb Jahre aktiven Dienst in Deutschland abzuleisten habe. Sollte jetzt der deutsche Konsul gezwungen sein, den deutschen Staatsangehörigen an den französischen Staat auszuliefern, weil er französischer Deserteur sei, soll er das französische Dienstverhältnis des Deutschen gegenüber der Fremdenlegion mehr zu respektieren verpflichtet sein, als das staatsbürgerliche Dienstverhältnis gegenüber dem eignen Vaterland? Und noch dazu, wo Frankreich bei der Anwerbung des Legionärs dessen militärisches Verhältnis als deutscher Soldat völlig ignorierte? Ein solches Ergebnis erscheint nicht nur vom deutschen Standpunkt aus als ganz und gar verwerflich, sondern es ist auch, rein objektiv betrachtet, unbillig. Befindet sich der deutsche Legionär unter Obhut des Konsuls, so befindet er sich im Schutz des Deutschen Reiches. Wegen seiner

Desertion braucht er an Frankreich nicht ausgeliefert zu werden, und ein Grund, das französische Dienstverhältnis zu respektieren, kann nach dem Gesagten deutscherseits nicht bestehen. In allen gesetzlichen Systemen gilt das Prinzip der Gegenseitigkeit und ein Vergeltungsrecht. Die Vergeltung oder Retorsion ist eine Art der indirekten Selbsthilfe. Ihr Wesen beruht darauf, eine unbillige Maßregel eines anderen Staates wieder durch Unbilligkeit zu vergelten. Dabei verfolgt sie das Ziel, den anderen Staat mittels der Retorsion zur Aufhebung seiner unbilligen Maßregel zu veranlassen. Eine Verletzung des Völkerrechts durch die Vergeltungsmaßregel ist begrifflich ausgeschlossen [1]. Eine Retorsion ist auch hier am Platze. Das angeführte Beispiel führt daher zu dem Schluß, daß es angebracht erscheint, wenn der deutsche Konsul nicht verpflichtet ist, den desertierenden Fremdenlegionär deutscher Staatsangehörigkeit herauszugeben, sondern vielmehr berechtigt ist, ihn unter seinem Schutze einem deutschen Reichsdampfer anzuvertrauen, der ihn wieder in die Heimat zurückbringt.

Ein solches Ergebnis wäre umsomehr zu erstreben, als das einer der vornehmsten staatsbürgerlichen Pflichten entspringende militärische Dienstverhältnis im eigenen Vaterland ungleich höher zu bewerten ist als der Söldnerdienst im fremden Lande, nicht nur in ethischer Beziehung, sondern auch hinsichtlich der Frage, welche Bande in rechtlicher Beziehung als die stärkeren anzusehen sind und welchem Militärverhältnis im Fall des Widerstreits des einen mit dem anderen der Vorzug einzuräumen ist.

Gehen wir nunmehr von dem angeführten Beispiel, bei dem die Berechtigung der hier vertretenen Auffassung besonders offensichtlich war, zu Fällen über, wo die Verpflichtungen des deutschen Legionärs gegenüber seinem Vaterland weniger große und nicht unmittelbar gegenwärtige sind. Beispielsweise ein ausgedienter deutscher Soldat geht in die Fremdenlegion: In diesem Fall macht ihm die Anwerbung zu französischen Söldnerdiensten die Ableistung von Reservisten- oder Landwehrübungen unmöglich.

---

[1] Vgl. v. Liszt, Das Völkerrecht § 38 III, 1a.; S. § 24 EG. z. ZPO.; § 5 II KO.; § 64 III GewO.; Art. 31 EG. z. BGB.

Oder aber endlich ein Deutscher nimmt Dienste in der französischen Fremdenlegion, der für untauglich zum Waffendienst im Deutschen Reiche erklärt worden ist. In diesem Fall könnte natürlich die Sachlage sehr zweifelhaft erscheinen. Trotzdem kann das Ergebnis kein zweifelhaftes sein. Denn die Befugnis des deutschen Reichskonsuls, in der geschilderten Weise vorzugehen, soll nicht eine vom Einzelfall abhängige und von Fall zu Fall nachzuprüfende sein. Das wäre höchst unzweckmäßig. Es handelt sich vielmehr um ein Prinzip. Der französische Staat respektiert das deutsche militärische Dienstverhältnis in allen Fällen, wo es vorliegt, nicht. Ebensowenig sollte das Deutsche Reich das französische Legionsverhältnis achten, wo auch immer es besteht. Das Vergeltungsrecht soll geübt werden, einerlei, ob bei dem einzelnen Fremdenlegionär deutscher Staatsangehörigkeit im Spezialfall alle Voraussetzungen vorliegen. Es genügt, daß ganz allgemein Frankreich die Vorbedingungen für eine Retorsion schafft, indem es in keinem Fall Rücksicht auf das deutsche Militärverhältnis nimmt.

Allerdings ist zur Anwendung von Vergeltungsmaßnahmen der Konsul von sich aus nicht befugt. Hierzu bedarf es kraft Völkergewohnheitsrechts eines besonderen Erlasses derjenigen Stellen, welche nach dem bezüglichen Staatsrecht mangels Delegation hierzu berufen sind, für das Deutsche Reich also des Reichskanzlers [1] bzw. des von diesem ressortierenden Auswärtigen Amtes [2]. Es wäre also völkerrechtlich nicht berechtigt gewesen, wenn der deutsche Konsul in Casablanca anläßlich des Casablanca-Zwischenfalls vom 25. September 1908 ein Retorsionsrecht der vorher geschilderten Art geübt hätte.

Zwar sind die deutschen Konsuln durch Gesetz vom 8. November 1867 angewiesen, die Heimbeförderung bedürftiger Reichsangehöriger und gemäß Anordnung des Reichskanzlers vom 31. August 1894 insbesondere die Heimbeförderung deutscher Deserteure der Fremdenlegion auf Reichskosten zu veranlassen. Jedoch kann man aus letzterer Bestimmung nicht die Delegation

[1] Art. 31 EG. BGB. ist der Niederschlag des völkerrechtlichen Prinzips der Retorsion für das Privatrecht. Vgl. auch EG. ZPO. § 24; KO. § 5 II; GewO. § 64 III; ZolltarifG. v. 25. Dez. 1902 § 10 I.

[2] Vgl. Stengel-Fleischmann, Wörterbuch des deutschen Staats- u. Verwaltungsrechts Bd. III, S. 313.

eines Retorsionsrechts an den Konsul ableiten, vielmehr ist die Grundidee dieser Bestimmung die gleiche, wie bei dem zuerst zitierten Gesetz von 1867, nämlich die, bedürftigen Reichsangehörigen die Mittel zur Rückkehr in die Heimat zu verschaffen.

Ist das Vergeltungsrecht von der zuständigen Behörde angeordnet, so darf der deutsche Konsul in jedem Fall, wo ein deutscher Staatsangehöriger, der aus der Fremdenlegion entwichen ist, sich unter seinen Schutz begibt, diesen uneingeschränkt dem Deserteur angedeihen lassen. Insbesondere darf er ihn dann unbekümmert um das Dienstverhältnis zur französischen Fremdenlegion unter seinem Geleit einschiffen und in die Heimat zurückbefördern.

Aus dem Gesagten ergibt sich, daß nach Anordnung eines Vergeltungsrechts der französische Staat kein Recht hätte, den entwichenen Fremdenlegionär vom Konsul herauszuverlangen [1].

Wir gelangen somit zu dem Ergebnis, daß in dem Konflikt zwischen Militärgerichtsbarkeit und Konsulargerichtsbarkeit erstere als die prävalierende anzuerkennen ist, stellen aber gleichzeitig die Forderung, daß durch die Anordnung eines Vergeltungsrechts, welches der Reichskanzler generell erläßt, sodaß dem Konsul lediglich die Aufgabe zufällt, die für ihn hierin liegende Instruktion des Reichskanzlers durchzuführen, der bestehende

[1] Anders liegt der Fall, wenn ein Deserteur z. B. in die deutsche Botschaft in Paris flüchtet. Hier würde Frankreich sich dem Wegtransport des Legionärs widersetzen können, mit der Begründung, es liege ein völkerrechtswidriger Eingriff in die französische Integrität vor. Irgendein Asylrecht besitzt weder der Deserteur, noch der Staat, in dessen Botschaft er geflüchtet ist. Es muß hier unbedingt das Recht desjenigen Staates als stärker anerkannt werden, der die Staatsgewalt und ihre Ausstrahlung als Gebietshoheit besitzt. Es muß erst recht als ausgeschlossen angesehen werden, daß es etwa angängig wäre, den Deserteur unter dem Schutz eines Abgesandten der deutschen Botschaft, selbst wenn dieser ein Exterritorialer wäre, nach Deutschland transportieren zu lassen. Wesentlich anders liegen die Verhältnisse in dem oben skizzierten Fall. Dort handelt es sich um ausländisches Staatsgebiet, ausländisch sowohl für den deutschen Konsul, wie für die französische Okkupationsarmee, die sich beide konkurrierend gegenüberstehen. In diesem Falle muß die faktische Sachlage, das bestehende und tatsächlich verwirklichte Schutzverhältnis dem Anspruch der französischen Militärbehörde vorgehen.

Rechtszustand dahin eine Abänderung erfährt, daß der deutsche Konsul in die Lage versetzt wird, Fremdenlegionäre deutscher Staatsangehörigkeit, die sich in seinen Schutz begeben, unter Mißachtung des Legionsverhältnisses in ihre Heimat zu befördern.

§ 12.

Der Casablanca-Zwischenfall.

Der Zwischenfall von Casablanca war sowohl in völkerrechtlicher, wie in politischer Hinsicht zu bedeutungsvoll, als daß er in diesem Zusammenhang unerörtert bleiben dürfte. Er rollt die zuletzt behandelten Fragen in Verbindung mit den durch die besonderen Umstände des Einzelfalls bedingten Rechtsverhältnissen auf. Zunächst sei der Tatbestand kurz in Erinnerung gebracht.

Auf Grund der Protokolle der Sitzungen des Haager Schiedsgerichts stellt er sich folgendermaßen dar. Drei Deutsche namens Meyer, Bens und Heinemann, die aus der französischen Fremdenlegion entwichen waren, haben sich am 25. September 1908 unter dem tatsächlichen Schutze des vom kaiserlichen Konsul in Casablanca ihnen mitgegebenen Konsulatssekretärs Just und des Konsulatssoldaten Abdelkerim am Hafen von Casablanca einzuschiffen versucht. Sie befanden sich im Besitz eines vom deutschen Konsul unterzeichneten Geleitsscheins, den der Konsulatssekretär bei sich trug und der folgenden Inhalt hatte:

„Monsieur Just, Chancelier du Consulat d'Allemagne, est chargé d'embarquer les six personnes qu'il accompagne.

Caasablnca le 25 septembre 1908.

Le Consul Impérial d'Allemagne
(gez.) Lüderitz."[1]

Daß der Geleitsbrief auf sechs Personen ausgestellt war, ist auf Unbesonnenheit des Sekretärs Just zurückzuführen. Er sollte von Rechts wegen nur auf drei Personen, nämlich die genannten drei Deutschen, lauten. Tatsächlich ist aber nur diesen drei Personen Beistand geleistet worden. Gesuche des

---

[1] Vgl. Faksimile bei André Weiß, Affaire des déserteurs de Casablanca, annexe 1.

Schweizers Reber und des Russen Malepa um Hilfe waren abgelehnt worden, während ein Österreicher namens Grech entgegen der von der französischen Regierung aufgestellten Behauptung den Beistand des deutschen Konsuls überhaupt nicht angerufen hatte. Zu Unrecht hat der französische Schriftsatz behauptet, diese drei Deserteure seien außer den vorgenannten drei Deutschen in dem Geleitschreiben gemeint gewesen und ihnen der Schutz des deutschen Konsuls zuteil geworden. Als die Einschiffung erfolgen sollte, haben die französischen Militärbehörden die drei Deutschen dem mit ihrer Einschiffung betrauten Konsulatssekretär und dem Konsulatssoldaten gegen deren Einspruch mit Gewalt entrissen und die bezeichneten beiden Angestellten des kaiserlichen Konsulats bei der Verhaftung der Legionäre tätlich angegriffen, mißhandelt, beschimpft und bedroht.

Der deutsche Konsul hatte ferner ein Ersuchungsschreiben an den Kapitän des im Hafen von Casablanca liegenden deutschen Dampfers „Cintra" gerichtet, welches auf drei Personen lautete und die eingangs erwähnten drei Deutschen namentlich aufführte. Der Kapitän wurde darin ersucht, die drei Reichsangehörigen auf Reichskosten nach Hamburg mitzunehmen; die Kosten des Unterhalts und der Wohnung wurden aus der Konsulatskasse bezahlt.

Was die rechtliche Seite betrifft, so ist ohne weiteres klar, daß der deutsche Konsul im Unrecht gewesen wäre, wenn er Russen oder Österreichern seinen Schutz hätte angedeihen lassen, was ja aber nach Feststellung des Haager Schiedsgerichts nicht der Fall war. Bezüglich des Schweizers gilt folgendes. Das Gesetz betreffend die Organisation der Bundeskonsulate sowie die Amtsrechte und Pflichten der Bundeskonsuln vom 8. November 1867 bestimmt in § 1:

„Die Bundeskonsuln sind berufen, das Interesse des Bundes, namentlich in Bezug auf Handel, Verkehr und Schiffahrt tunlichst zu schützen und zu fördern, die Beobachtung der Staatsverträge zu überwachen und den Angehörigen der Bundesstaaten sowie anderer befreundeter Staaten in ihren Angelegenheiten Rat und Beistand zu gewähren. Sie müssen hierbei nach den Bundesgesetzen und den ihnen erteilten Instruktionen sich richten und die durch die Gesetze und die

Gewohnheiten ihres Amtsbezirks gebotenen Schranken einhalten."

Mit diesem Gesetze steht folgendes Schreiben der Gesandtschaft des Norddeutschen Bundes an den schweizerischen Bundespräsidenten vom 27. April 1871 in Verbindung:

„Dem . . . Wunsch des schweizerischen Bundesrats, denjenigen Schweizern, welche den deutschen Konsulatsschutz nachsuchen, solchen zu gewähren, auch dann, wenn die betreffenden Personen bisher unter anderem Schutz gestanden haben, entsprechend, hat der Reichskanzler Fürst Bismarck die betreffenden Konsuln demgemäß mit den erforderlichen Anweisungen darüber versehen lassen."

Aus diesen beiden zitierten Bestimmungen hat die deutsche Regierung in ihrem Gegenschriftsatz auf den dem Bureau des Ständigen Schiedshofs im Haag von der Regierung der französischen Republik übermittelten Schriftsatz das Recht herleiten wollen, Deserteure der französischen Fremdenlegion, die schweizerischer Staatsangehörigkeit sind, gleich deutschen Staatsangehörigen zu schützen. Der Agent der französischen Republik, Weiß, hat demgegenüber ausgeführt, daß ein entsprechender Vertrag auch zwischen Frankreich und der Schweiz bestehe, der Legionär aber durch den Eintritt in die Fremdenlegion sich für den Schutz Frankreichs entschieden habe, der somit auch den Vorzug der Priorität gegenüber dem Schutz Deutschlands habe. Diese Widerlegung ist nicht stichhaltig. Denn wenn man selbst zugeben wollte, daß der Eintritt in die Fremdenlegion gleichzeitig eine stillschweigende Anrufung des französischen Schutzes wäre, was höchst zweifelhaft ist, so kann doch hiervon keine Rede mehr sein, sobald der Legionär aus der französischen Legion entweicht und gegen Frankreich den Schutz Deutschlands anruft. Trotzdem kann ein Schutzrecht des deutschen Konsuls gegenüber schweizerischen Deserteuren, wie es die deutsche Regierung beansprucht, nicht anerkannt werden. Denn, wie oben ausgeführt, ist die Mißachtung des französischen Militärverhältnisses der Fremdenlegionäre überhaupt nur im Wege eines Vergeltungsrechts zu rechtfertigen. Selbst wenn deutscherseits ein solches bestünde, ließe es sich nicht auf Angehörige solcher Staaten ausdehnen, welchen gegenüber widerrechtlichen Angriffen der Schutz des deutschen Konsuls zugesichert ist. Außerdem erscheint es zweifelhaft, ob fremde Staaten verpflichtet sind, das deutsch-schweizerische Abkommen zu respektieren, das sich ihnen gegenüber als res inter alios acta darstellt. Es muß deshalb daran festgehalten werden, daß der deutsche Konsul Deserteure der Fremdenlegion, welche nicht deutscher Staatsangehörigkeit sind, niemals schützen könnte.

Die weitere Frage ist, wie das Verhältnis der deutschen Deserteure in Marokko gegenüber der französischen Militärmacht einerseits und der deutschen Konsulargewalt anderseits zu beurteilen war. Die Meinungen über diesen Punkt gehen auseinander. Es wird die Ansicht vertreten [1], die den Fremdenlegionären durch die französische Gesetzgebung auferlegten Verpflichtungen militärischen Charakters hätten, internationalrechtlich betrachtet, Geltung nur für den internationalrechtlich anerkannten Geltungsbereich des französischen Militärrechts. Dieser Anwendungsbereich beschränke sich hinsichtlich der Legionäre, die nicht Franzosen seien, auf das französische Territorialgebiet. Dies gelte insbesondere auch in Beziehung auf das marokkanische Gebiet. Wenn hier die Europäer exterritorial seien, so bedeute das nur Exemption von dem im übrigen in Marokko territorial oder personal geltenden marokkanischen Recht und von der örtlichen Gerichtsbarkeit, an deren Stelle das Recht und die Konsulargerichtsbarkeit des Heimatsstaates trete. Die deutschen Fremdenlegionäre seien also, solange sie sich in Marokko befänden, lediglich dem deutschen Recht und der deutschen Konsulargerichtsbarkeit unterworfen.

Dieser Auffassung stehen indessen gewichtige Bedenken entgegen. Denn die deutschen Deserteure waren Angehörige einer fremden Truppenmacht, die zu dieser Zeit Marokko militärisch besetzt hielt. Schon an und für sich wird man zugestehen müssen, daß jede Militärmacht die Gerichtsbarkeit über die ihr unterstehenden Militärpersonen selbst und einheitlich ausübt und zu allen Handlungen befugt ist, welche zur Wahrung ihrer Sicherheit erforderlich sind. Andernfalls ließe sich die Disziplin schwer aufrechterhalten. Dies spricht also

---

[1] Vgl. Niemeyer in DJZ. v. 15. Okt. 1908 a. a. O.

dafür, daß die Fremdenlegionäre der Militärgerichtsbarkeit unterstehen [1].

Es bleibt weiterhin zu prüfen, welche Besonderheiten dadurch hervorgerufen waren, daß die französische Armee Marokko im Wege friedlicher Okkupation besetzt hatte. Das Haager Schiedsgericht hat in seiner Entscheidung des Casablanca-Streites ausgeführt, daß ein Okkupationskorps im allgemeinen eine ausschließliche Jurisdiktion über alle zu dem Korps gehörigen Personen ausübe. Auch sei dieses Jurisdiktionsrecht im allgemeinen auch in Kapitulationsländern anzuerkennen. Diese Auffassung wird, sofern es sich um kriegerische Okkupation handelt, keinem Widerspruch begegnen. Bestritten ist dagegen, ob einem Staate, der im Wege friedlicher Okkupation ein Land besetzt, gleiche Rechte zustehen. Frankreich hat seinerzeit beide Arten der Okkupation in ihrer Wirkung gleichgestellt. Dem ist folgendes entgegenzuhalten: „Die Kriegserklärung [2] negiert die Autorität der Regierung des okkupierten Landes und setzt die des Okkupanten und seines Kriegsrechts dafür ein." Dies ist das Wesen der Kriegsokkupation, dargestellt mit den Worten, die einst Fürst Bismarck in seiner Entscheidung vom 31. Januar 1898 anläßlich der Samoa-Aktion gebrauchte. Die Friedensokkupation hat einen anderen Zweck und auch eine dementsprechend verschiedene Wirkung [3]. Sie erfolgt im Einverständnis mit der Regierung des okkupierten Gebietes, um in dem letzteren Ruhe und Ordnung aufrechtzuerhalten, wozu sich die eigene Regierung des Okkupationsgebietes außerstande sah. Die Okkupationsarmee übernimmt demzufolge auch die Gerichtsbarkeit des okkupierten Territoriums. Dieses Recht leitet sie aber von dem Recht der ein-

---

[1] Vgl. Kohler, Casablanca-Sache, a. a. O.

[2] Ich zitiere hier wörtlich nach dem Protokoll des Haager Schiedsgerichts S. 11. Zweifellos muß es „Kriegsbesetzung" heißen. Das ergibt sich aus dem Wortlaut des Satzes, wie aus dem ganzen Zusammenhang. Zudem wäre eine Folge, wie sie hier für die Kriegserklärung ausgesprochen wird, völlig undenkbar, da in dem Augenblick der Kriegserklärung noch keine occupatio bellica vorliegt.

[3] Zustimmend Robin, Des occupations militaires en dehors des occupations de guerre S. 14: „L'occupation militaire pacifique laisse en principe à l'état occupé non seulement la jouissance mais aussi l'exercice à peu près complet de sa souveraineté."

heimischen Regierung, der sie zu Hilfe kommt, ab; sie hat daher die Gerichtsbarkeit nur soweit, als sie ersterer zustand, und übt sie an deren Stelle aus. Daraus folgt, daß die Konsulargerichtsbarkeit grundsätzlich durch die Friedensokkupation nicht berührt wird[1]. Diesen Standpunkt, den die Kaiserlich Deutsche Regierung in der Casablanca-Affaire vertreten hat, hat sie auch in mehreren Präzedenzfällen mit Recht eingenommen. Anläßlich der Samoa-Aktion hat Fürst Bismarck an den damaligen deutschen Konsul in Apia telegraphiert:

„Sie sind nicht berechtigt, Fremde der Jurisdiktion ihrer Konsuln zu entziehen. Der Widerspruch Ihres englischen Kollegen ist begründet. Bei Konflikten aus diesem Anlaß würden Sie im Unrecht sein."

Nur soweit die Angehörigen einer die Konsulargerichtsbarkeit ausübenden Macht durch Beistand, Förderung oder Anstiftung der deutschfeindlichen Partei sich dieser anschlossen, sollten die deutschen Truppen berechtigt sein, von sich aus zur Bestrafung der beteiligten Angreifer zu schreiten. Dieser Standpunkt entspricht den oben dargelegten Ausführungen, wonach die Okkupationsarmee befugt sein muß, alle Maßnahmen zu treffen, die zur Aufrechterhaltung ihrer Disziplin und ihrer Sicherheit nötig sind. Eine Ausnahme von dem Satz, daß die Okkupationsarmee lediglich die Gerichtsbarkeit des okkupierten Gebietes an sich reißt, soweit diese der einheimischen Regierung zustand, wird dadurch nicht begründet.

Auch bei der Friedensokkupation Kretas im Jahre 1897 ist die Konsulargerichtsbarkeit unangetastet gelassen worden. Dies ergibt sich insbesondere aus folgenden Schreiben der deutschen Botschaft in Therapia und des englischen Premierministers Lord Salisbury. Ersteres Schreiben lautet[2]:

„Der Umstand, daß bei dem Fehlen einer türkischen Gerichtsbarkeit in Kreta die dortige Justizpflege interimistisch

[1] Vgl. auch Olivier, De l'occupation d'un territoire ennemi, S. 36: „L'état envahisseur se trouve de son côté (sc. de l'état envahi), à même d'y maintenir l'ordre."

[2] S. Anlage 26 zum „Gegenschriftsatz für die Regierung Seiner Majestät des Deutschen Kaisers auf den dem Bureau des Ständigen Schiedshofs im Haag von der Regierung der Französischen Republik übermittelten Schriftsatz zu den Streitfragen, welche durch die am 25. September 1908 in Casablanca vorgekommenen Begebenheiten hervorgerufen sind".

von den Admiralen und Kommandanten übernommen ist, hat bei letzteren die mißverständliche Auffassung erzeugt, als sei damit auch die dortige Konsulargerichtsbarkeit als aufgehoben zu betrachten. Dieser Meinung ist anläßlich eines Spezialfalls, wobei die Assistenz eines Dragomans des Österreichisch-Ungarischen Konsulats von den Admiralen zurückgewiesen wurde, bereits von den hiesigen Botschaftern entgegengetreten worden. Einzelne Regierungen, so die englische, haben der Angelegenheit ihre besondere Aufmerksamkeit gewidmet und ihren Konsuln Instruktionen erteilt, wonach die konsularischen Funktionen in Betreff der Angelegenheiten, welche der bisherigen Kompetenz der Konsulargerichte unterlagen, als fortbestehend anzusehen sind."

Das Schreiben des Lord Salisbury an den britischen Konsul in Canea hat folgenden Inhalt:

„Attendu que la justice turque a cessé d'exister en Crête, les amiraux sont dans leur droit en prenant la place des tribuneaux turques et en se chargeant des affaires, qui seraient en des circonstances normales déférées à ces tribuneaux. Mais le gouvernement de la Reine est d'avis que vous devez continuer à exercer votre jurisdiction dans les cours consulaires en vertu des capitulations en tout affaire qui serait ordinairement de leur ressort."

In diesem Schreiben kommt besonders klar zum Ausdruck, daß im Fall der Friedensokkupation die okkupierende Macht die Gerichtsbarkeit nur soweit an sich reißt, als sie der eigenen Regierung des okkupierten Gebietes zustand.

Unberührt blieb die Konsulargerichtsbarkeit endlich auch im Jahre 1900 anläßlich der Aktion der Mächte gegen China [1]. Beispielsweise hat damals der britische General, der die belgischen Truppen in Tientsin befehligte, eine deutsche Zivilperson, die sich gegen einen britischen Soldaten tätlich vergangen hatte, dem deutschen Konsul übergeben mit dem Ersuchen, ihn abzuurteilen.

Aus dem Gesagten ergibt sich, daß im Fall einer Friedensokkupation die in dem okkupierten Gebiet bestehende Konsular-

---

[1] Die Expedition gegen China ist m. E. gleichfalls als Friedensokkupation und nicht als Krieg aufzufassen. Die Frage ist allerdings kontrovers. Zustimmend Robin, a. a. O. S. 504.

gerichtsbarkeit grundsätzlich bestehen bleibt[1]. Hieraus folgt die Notwendigkeit, folgende beiden Ergebnisse in Einklang miteinander zu bringen, die sich offensichtlich widerstreiten, für den Casablanca-Fall aber beide in Betracht kommen:

1. Trotz der französischen Friedensokkupation stand dem kaiserlich deutschen Konsul die Jurisdiktion über die in Marokko befindlichen Angehörigen deutscher Staatsangehörigkeit zu.

2. Der französischen Okkupationsarmee stand die Gerichtsbarkeit über die ihr angehörigen Militärpersonen zu, desgleichen das Recht, Vergehen, die gegen ihre eigene Sicherheit gerichtet waren, in jedem Fall selbst zu ahnden.

Es ist zu bedauern, daß Frankreich in dem Kapitulationsgebiet Marokkos angesichts der schwierigen völkerrechtlichen Probleme, die dadurch aufgeworfen wurden, und der demzufolge bestehenden Möglichkeit eines Konflikts die Fremdenlegion verwandt hat. Dies ist auch von französischer Seite anerkannt worden. Ein Verstoß gegen das Välkerrecht liegt darin natürlich nicht.

Den dargelegten Widerstreit hat die deutsche Regierung in ihrem Gegenschriftsatz in der Weise zu lösen versucht, daß sie erklärte, die drei in Betracht kommenden deutschen Deserteure hätten am 20. bzw. 22. September 1908 die französische Truppenmacht verlassen; letztere habe erst am 25. September die Spur der Entwichenen wiedergefunden. Dadurch sei eine faktische Loslösung der Legionäre von ihrer Truppe hervorgerufen worden, welche zur Folge gehabt habe, daß der kaiserlich deutsche Konsul in Casablanca selbst im Fall der Gültigkeit des von den Legionären mit der französischen Regierung geschlossenen Dienstvertrags durch die französische Militärgerichtsbarkeit nicht gehindert sei, seine Schutz- und Jurisdiktionsbefugnisse über sie zur Geltung zu bringen.

Dieser Auffassung kann jedoch nicht beigepflichtet werden.

---

[1] Vgl. auch das Schreiben des französischen Ministers de Selves (in Ztschr. für Völkerrecht und Bundesstaatsrecht 1912 S. 596 von Strupp zitiert): „la jurisdiction consulaire est la jurisdiction de droit commun dans l'amalat; le fait de notre occupation militaire à Oudja n'a pu modifier en effet en aucune matière des règles de compétance et de procédure judiciaires établies par les traités tant au regard des ressortissants des autres états européens qu'au regard de nos nationaux . . ."

Denn die Effektivität der Okkupation Marokkos durch die französische Truppenmacht war eine derartige, daß von einer faktischen Loslösung des Legionärs von der Truppe nicht geredet werden kann, solange der Legionär sich in unmittelbarer Nähe der Truppe aufhält. Sobald die Entwichenen ihr Versteck, eine Herberge in Casablanca, verließen, war ihre Spur von der französischen Militärbehörde entdeckt. Es ist daher nicht anzuerkennen, daß durch das zweitägige Verborgensein innerhalb des wirksam okkupierten Gebietes eine faktische Loslösung der Legionäre von der Fremdenlegion entstand.

Es ist weiter zu beachten, daß für die Okkupationsarmee das Prinzip der Exterritorialität gilt. Der Machtbereich der letzteren richtet sich nach der Truppe selbst und wechselt mit ihr. Der Angehörige der Truppe nimmt an der Exterritorialität teil. Wohin sollte es auch führen, wenn die verschiedenen in der Fremdenlegion vertretenen Nationalitäten in dem Kapitulationsgebiet verschiedener Jurisdiktion unterliegen würden?

Da eine faktische Loslösung der drei deutschen Deserteure von ihrer Truppe ebensowenig anzuerkennen ist, wie die von der deutschen Regierung behauptete Nichtigkeit ihres Anwerbevertrages, ergibt sich, daß in dem Casablanca-Streit, obwohl die Konsulargerichtsbarkeit an sich aufrechterhalten blieb, im konkreten Fall doch der französischen Militärgerichtsbarkeit das Vorrecht gebührte. In diesem Sinn hat auch das Haager Schiedsgericht sein Urteil gesprochen [1].

War es also rechtlich unzulässig, daß der deutsche Konsul die Legionäre in seinen Schutz nahm, so ist doch anderseits die feststehende Tatsache gegeben, daß er sie effektiv in seine Obhut genommen hat. Daß dieser Besitzstand unbedingt respektiert werden mußte, ist bereits an früherer Stelle dargelegt worden und entspricht einem allgemein gültigen und anerkannten Rechtsprinzip. Zu einer entsprechenden Entscheidung ist auch in dieser Frage das Haager Schiedsgericht gelangt und hat diese wie folgt formuliert:

„Zu Unrecht haben die französischen Militärbehörden den im Namen des deutschen Konsulats über die Deserteure aus-

---

[1] Vgl. hierzu Lammasch, Die Rechtskraft internationaler Schiedssprüche S. 20 ff., 65.

geübten tatsächlichen Schutz nicht soweit irgend möglich respektiert.

Selbst abgesehen von der Verpflichtung, den konsularischen Schutz zu respektieren, berechtigten die Umstände französische Militärpersonen weder zur Bedrohung mit einem Revolver noch zur Fortsetzung der dem marokkanischen Konsulatssoldaten zugefügten Schläge."

Auf den letztgenannten Punkt braucht heute nicht mehr eingegangen zu werden; er hat kein allgemeines Interesse. Ohne Zweifel war diejenige Partei im Unrecht, welche zuerst tätlich wurde, während die Gegenseite in Notwehr handelte. Nach den Feststellungen des Schiedsgerichts waren die Franzosen die Angreifer.

Nach den Ausführungen an früherer Stelle ergibt sich auch für den Casablanca-Streit, daß die Zurückbehaltung der deutschen Deserteure und ihre Heimbeförderung sich völkerrechtlich nur dann rechtfertigen ließe, wenn durch Erlaß des Reichskanzlers die Ausübung eines Retorsionsrechts gegen Frankreich angeordnet gewesen wäre.

Damit ist die Casablanca-Affäre, soweit sie generell wichtige und heute noch völkerrechtlich bedeutsame Fragen aufgerollt hat, im wesentlichen erschöpft. Doch soll hieran anschließend noch auf einige Nebenpunkte eingegangen werden, welche Fragen betreffen, die auch für die Zukunft beachtlich sind.

Auf Grund von Art. 3 Abs. 6 der Reichsverfassung haben alle Deutschen dem Ausland gegenüber gleichmäßig Anspruch auf den Schutz des Reiches. Diese Bestimmung erfährt eine Ergänzung durch das Gesetz betreffend die Organisation der Bundeskonsulate, sowie die Amtsrechte und Pflichten der Bundeskonsuln vom 8. November 1867, welches in § 26 anordnet: „Hilfsbedürftigen Bundesangehörigen haben die Bundeskonsuln die Mittel zur Milderung augenblicklicher Not oder zur Rückkehr in die Heimat nach Maßgabe der ihnen erteilten Amtsinstruktion zu gewähren." Frankreich stützte sich nun den genannten Bestimmungen gegenüber auf die zum Vollzug des Gesetzes über die Organisation der Bundeskonsulate erlassene Allgemeine Dienstinstruktion, wonach u. a. „von jeder konsularischen Unterstützung solche Personen ausgeschlossen sind, die aus der deutschen Landesarmee desertiert oder ohne

Erlaubnis in fremde Militärdienste getreten sind". Frankreich wollte aus dieser Bestimmung den Schluß ziehen, daß Deserteure überhaupt von jedem konsularischen Schutz ausgeschlossen seien. Diese Auffassung ist irrig. Denn die erwähnte Bestimmung stellt lediglich eine landesrechtliche Norm (im Sinne Triepels) [1] dar, die als res interna auf das Völkerrecht keine Einwirkung hat. Es handelt sich ferner um eine Ausnahme von § 26 des Gesetzes über die Organisation der Bundeskonsulate, d. h. Deserteuren sind von Reichs wegen keine Mittel zu gewähren. Aber nicht einmal diese Ausnahmebestimmung ist für die hier in Betracht kommenden Fälle in Kraft geblieben. Der deutsche Gesandte in Tanger, von Tattenbach, hat am 10. August 1894 an den Reichskanzler folgendes Schreiben gerichtet:

„Es ist in letzter Zeit wiederholt vorgekommen, daß Reichsangehörige, welche in die Dienste der französischen Fremdenlegion in Algier getreten waren, aus derselben desertiert sind und ihre Flucht nach Marokko bewerkstelligt haben, um von hier aus nach Deutschland zurückzukehren. Diese Leute pflegen hier, wie es erklärlich ist, aller Mittel bar und halbnackt anzukommen. Um sie vor dem Hungertode zu bewahren, sie zu kleiden und ihre Rücksendung nach Deutschland zu ermöglichen, welche meistens geboten erschien, da jene Leute fast ausnahmslos in militärpflichtigem Alter standen, mußten die nötigen Mittel durch freiwillige Spenden der hiesigen Deutschen aufgebracht werden. Letzteres dürfte aber nicht immer möglich sein, wenn, wie es augenblicklich der Fall ist, diese Fälle sich mehren.

Ich darf daher Ew. Exzellenz um geneigte Instruktion bitten, in welcher Weise solchen Leuten Hilfe gewährt werden kann und ob es eventuell angängig ist, dieselben auf Reichskosten mit deutschen Dampfern nach Hamburg zu befördern."

Darauf ging folgendes Antwortschreiben des Reichskanzlers ein:

„Ew. Hochwohlgeboren erwidere ich auf den gefälligen Bericht, daß ich die Art und Weise, wie Sie sich der nach Marokko geflüchteten französischen Fremdenlegionäre deutscher

---

[1] Vgl. Triepel, Völkerrecht und Landesrecht, 1899.

Nationalität angenommen haben, billige. Ich stelle Ihnen ergebenst anheim, in künftigen Fällen dieser Art ähnlich zu verfahren und die Leute auf deutschen Dampfern nach Hamburg zu befördern. Selbstverständlich werden Ew. Hochwohlgeboren Bedacht darauf zu nehmen haben, daß dem Reichsfiskus möglichst geringe Belastung hieraus erwächst, sei es, daß die Legionäre als Überarbeiter umsonst oder zu ermäßigtem Zwischendeckspreise nach Deutschland geschafft werden. Befinden sich die Flüchtlinge noch im Alter der Militärpflichtigkeit, so bitte ich, Ihre Vorkehrung gefl. so zu treffen, daß dieselben bei ihrer Ankunft in Hamburg sogleich von der Militärbehörde in Empfang genommen werden können."

Hieraus folgt, daß die Auffassung der französischen Regierung rechtsirrig ist. Deserteure deutscher Staatsangehörigkeit sind in jedem Fall nach Deutschland zurückzubefördern. Eine Ausnahme für solche Legionäre, die aus der deutschen Armee desertiert sind oder den französischen Militärdienst ohne Erlaubnis angetreten haben, besteht nicht.

Endlich sei noch ein Punkt klargestellt. Das deutsche Gesetz über die Konsulargerichtsbarkeit vom 7. April 1900 bestimmt, daß deutsche diplomatische Beamte und Deutsche, die der deutschen Militärgerichtsbarkeit unterstehen, in Kapitulationsgebieten von der Militärgerichtsbarkeit ausgenommen seien. Man hat von französischer Seite diese Bestimmung so deuten wollen, als sei damit gesagt, diese Personen seien von der deutschen Gerichtsbarkeit in den Konsulargerichtsbezirken überhaupt ausgenommen. Daß die Bestimmung diesen Sinn nicht haben kann, ergibt sich aus der Natur der Sache. Sie will vielmehr die betreffenden Personen an Stelle der Jurisdiktion der Konsuln beispielsweise der deutschen Militärgerichtsbarkeit unterwerfen, also intern die Jurisdiktion der Konsuln einer anderen Behörde vorbehalten. Daran, daß die in Betracht kommenden Personen als deutsche Reichsangehörige von der fremden Gerichtsbarkeit eximiert sind, wird hierdurch nichts geändert.

Fünftes Kapitel.
Die Rechtsverhältnisse der minderjährigen Legionäre.

§ 13.

Untersuchung über die Bedeutung der in der königl. Ordonnanz vom 10. März 1831 geschaffenen Altersgrenze von 18 Jahren.

Besonders komplizierte Rechtsverhältnisse entstehen, sobald ein Minderjähriger in die Legion eintritt. Es soll zunächst untersucht werden, ob in diesem Fall der Anwerbevertrag gültig zustande kommt.

Die zivilrechtliche Volljährigkeit tritt nach französischem Recht, gleich wie nach deutschem, mit der Vollendung des 21. Lebensjahres ein (Art. 388, 488 Code Civil)[1].

Das Organisationsdekret vom 10. März 1831 bestimmt in Art. 6, daß das Mindestalter des Legionärs 18 Jahre betragen soll. Welche Bedeutung kommt dieser Bestimmung zu?

Poimiro führt aus[2], daß im Fall des noch nicht Achtzehnjährigen der Vertrag wirkungslos sei, „une des conditions les plus importantes de validité faisant défaut“. Die von Poimiro ausgesprochene Ansicht ist die offizielle in Frankreich und wird auch dauernd in jedem vorkommenden Fall praktisch geübt. Sie ist indessen nicht unbedingt einleuchtend und legt den Art. 6 des Dekrets vom 10. März 1831 in einer Weise aus, die man kaum als die nächstliegende bezeichnen kann. Gewiß setzt Art. 6 die Altersgrenze nach unten auf 18 Jahre fest. Stände nicht die geltende Rechtsübung entgegen, würde ich diese Bestimmung aber niemals so auffassen, daß der Vertrag eines Legionärs, wenn er das 18. Lebensjahr nicht vollendet hat, bedingungslos nichtig sei. Vielmehr würde ich aus dem offensichtlichen Zweck der Bestimmung entnehmen, daß es sich um eine Ordnungsvorschrift handelt, wonach die Regierung die Anwerbung von Jünglingen

---

[1] Art. 388: le mineur est l'individu de l'un ou l'autre sexe qui n'a point encore attaint l'âge de vingt-et-un ans accomplis. Art. 488: la majorité est fixée à vingt-et-un ans accomplis; à cette âge on est capable de tous les actes de la vie civile sauf la restriction portée au titre du mariage.

[2] Poimiro, La Légion étrangère et le droit international, S. 185.

unter 18 Jahren ablehnen soll, weil Leute in so jugendlichem Alter im allgemeinen für den Legionsdienst untauglich sind. Liegt aber die Bedeutung der Vorschrift des Art. 6 darin, daß der junge Legionär nach Ansicht des Militärarztes mindestens die einem Achtzehnjährigen eigene körperliche Entwicklung aufweisen soll, so kann es nicht eine der wichtigsten Bedingungen für die Gültigkeit des Vertrags sein (wie Poimiro sich ausdrückt), ob der Legionär nun wirklich volle 18 Jahre alt ist, wie er natürlich der französischen Behörde gegenüber behaupten muß, oder ob er nur 17 Jahre alt ist, wenn er nur die genügende körperliche Entwicklung aufweist. Der Gesetzgeber ging offenbar von der Ansicht aus, daß 18 Jahre das Mindestalter bedeuten, welches erforderlich sei, um den Anforderungen des Legionsdienstes zu genügen. Zeigt sich nun, daß auch ein Sechzehn- oder Siebzehnjähriger die erforderliche körperliche Entwicklung hat, was von dem Militärarzt im Einzelfall geprüft wird, so sollte eigentlich kein Grund bestehen, den einmal geschlossenen Anwerbevertrag formaler Bedenken wegen für ungültig zu erklären. Die Behörde soll den Jüngling zurückweisen, wenn er sein Alter mit 16 oder 17 Jahren angibt. Behauptet er aber, 18 Jahre alt zu sein, und wird daraufhin der Anwerbevertrag mit ihm abgeschlossen, so erscheint es kaum angebracht, ihn deswegen, weil die Ordonnanz vom 10. März 1831 die untere Altersgrenze auf 18 Jahre festsetzt, für nichtig zu erklären. Daß dieser Altersgrenze in erster Linie Bedeutung für die p h y s i s c h e Verfassung des angehenden Legionärs beigelegt werden sollte und nicht für Handlungsfähigkeit und dergleichen, scheint meines Erachtens deutlich daraus hervorzugehen, daß die Grenze nach oben 40 Jahre beträgt.

Um die Anwerbung von Jünglingen unter 18 Jahren zu verhüten, soll nach den Bestimmungen des Gesetzes vom 9. März 1831 jeder Legionär bei der Anwerbung zur Fremdenlegion seinen Geburtsschein vorlegen. Nur wenn er keinen solchen besitzt, ist er von der Vorlage entbunden. Es wäre also die Möglichkeit, daß der genannten Vorschrift zuwider die Anwerbekommission in Unkenntnis des wahren Alters des angehenden Legionärs einen noch nicht Achtzehnjährigen einstellte, gering. In der Praxis wird der Fall, daß ein Legionär sich im Besitz eines Geburtszeugnisses befindet, selten sein.

Der Grund, weshalb die meisten in die Fremdenlegion gehen, besteht gerade darin, daß sie ihre Personalien und ihre Vergangenheit verdecken wollen und in der Legion die einzige Möglichkeit erblicken, endlich einen Platz zu gewinnen, wo nicht nach ihren Geheimnissen geforscht wird, wo sie sogar mit einer Nummer bezeichnet werden. Nur wenige werden also ein Interesse daran haben, ihr Geburtszeugnis zur Stelle zu bringen, und anderseits ist auch das Interesse der französischen Behörden gering, die Personalien der angehenden Legionäre zu erfahren. Sodann wird der Sechzehn- oder Siebzehnjährige, der das französische Werbebureau aufsucht, um in die Legion eingereiht zu werden, in den meisten Fällen wissen, daß das Mindestalter auf 18 Jahre festgesetzt ist. Das hat er entweder von sachkundigen Freunden erfahren oder aus dem Munde von Schleppern; denn die wenigsten kommen ungeleitet zu den Werbebureaus. Auf Befragen wird er sein Alter mit 18 Jahren angeben und der untersuchende Arzt wird keine Schwierigkeiten machen, sobald er den jungen Legionär für körperlich tauglich hält. Meist wird er überhaupt den Altersunterschied nicht bemerken. So mag der Fall des Eintritts von Legionären, die das 18. Lebensjahr noch nicht zurückgelegt haben, nicht einmal selten sein. Dies allein könnte naturgemäß nicht dazu veranlassen, der Altersgrenze von 18 Jahren ausschlaggebende Bedeutung hinsichtlich der Gültigkeit der Anwerbeverträge beizulegen. Aus dem Art. 6 der Ordonnanz vom 10. März 1831 ist sie meines Erachtens, wie erwähnt, gleichfalls nicht zu folgern.

Freilich wird dadurch nichts an dem festgestellten Ergebnis geändert, daß nach der heute in Frankreich herrschenden Auffassung die Anwerbeverträge derjenigen Minderjährigen, welche vor Vollendung des 18. Lebensjahres den Anwerbevertrag unterzeichnet haben, bedingungslos nichtig sind.

Auch eine Heilung etwa in der Weise, daß der Legionär nach Erlangung des erforderlichen Alters in der Legion weiterdient, ist dann ausgeschlossen [1]. Vielmehr bedarf es des Abschlusses eines neuen Vertrages.

---

[1] Zustimmend Poimiro, La Légion étrangère et le droit international S. 185; Kormann, System der rechtsgeschäftlichen Staatsakte S. 207.

§ 14.

Die Rechtsverhältnisse der Legionäre zwischen dem vollendeten 18. und 20. Lebensjahr.

Es fragt sich weiter, ob die durch die Ordonnanz vom 10. März 1831 bestimmte Altersgrenze von 18 Jahren auch in dem Sinn als lex specialis anzusehen ist, daß dadurch die allgemeinen Bestimmungen über Handlungsfähigkeit vollständig ausgeschaltet werden und die Anwerbeverträge von solchen Legionären, welche nach Vollendung des 18. Lebensjahres, sei es auch vor Erreichung des ordentlichen Volljährigkeitstermins, den Kontrakt unterzeichnet haben, bedingungslos auch ohne Einwilligung des gesetzlichen Vertreters vollgültig sind. Wie an früherer Stelle erwähnt, beträgt das ordentliche zivilistische Volljährigkeitsalter in Frankreich 21 Jahre. Die erste Frage, die sich erhebt, ist die, ob dieser privatrechtlichen Bestimmung prinzipiell auch für das öffentliche Recht Bedeutung beizulegen ist. Diese Frage muß schon aus praktischen Gründen bejaht werden. Geschäftsfähigkeit ist ein über den Rahmen des Privatrechts hinausgehender, allgemeiner juristischer Begriff, der auch für das öffentliche Recht unentbehrlich ist. (Vgl. Entscheidung des bayrischen Verwaltungsgerichtshofs, wonach die Geschäftsfähigkeit zu „Grundsätzen des bürgerlichen Gesetzbuchs" gehört, „welche auf dem Gebiet des öffentlichen Rechts gleichmäßige Geltung haben" [1].)

Die weitere Frage ist, ob die Altersgrenze für unseren Fall durch lex specialis festgelegt ist. Denn wenn auch prinzipiell davon auszugehen ist, daß die Handlungsfähigkeit im öffentlichen Recht ebensowenig entbehrt werden kann, wie im Privatrecht, so muß man sich dabei doch vor dem Irrtum hüten, die im Privatrecht normierte Altersgrenze ohne weiteres auf das öffentliche Recht zu übernehmen. Vielmehr muß von Fall zu Fall gefragt werden: Besteht für die gerade in Betracht kommende Frage, die ein Gebiet des öffentlichen Rechts betrifft, eine Norm, die uns angibt, wann die Handlungsfähigkeit, die etwa in concreto von Wichtigkeit ist, beginnt oder endigt usw., und erst dann, wenn wir zu einer Verneinung dieser Frage ge-

[1] Vgl. Kormann, System der rechtsgeschäftlichen Staatsakte, S. 288.

langt sind, sind wir berechtigt, aus praktischen Erwägungen heraus, die vorhandene Lücke auszufüllen, und das in der Weise, daß wir die privatrechtlichen Grundsätze analog zur Anwendung bringen.

Ist nun die Bestimmung der Ordonnanz von 1831, welche lautet: „Das Mindestalter wird auf 18 Jahre, das Höchstalter auf 40 Jahre festgesetzt“ als lex specialis im Sinn der Handlungsfähigkeit zu verstehen? Poimiro bejaht die Frage in Übereinstimmung mit der allgemeinen französischen Meinung. Worin kann nun diese Auffassung eine Stütze finden? Etwa in der vorerwähnten Bestimmung der königlichen Ordonnanz? Dies ist meines Erachtens unbedingt abzulehnen. Denn erstens hat diese Bestimmung nur Bezug auf die physische Tauglichkeit der Legionäre, wie bereits erwähnt, und nichts mit Handlungsfähigkeit zu tun, wie sich insbesondere daraus ergibt, daß die Grenze nach oben 40 Jahre beträgt. Sodann spricht aber auch folgender Umstand dagegen: Die Engagementsbedingungen für die Zulassung zum Dienst in der niederländischen Legion enthalten unter Nr. 4 folgenden Passus:

> „Être âgé de 18 ans au moins et 36 ans au plus (la trente sixième année pas accomplis). Un mineur (21 ans pas accomplis) qui désire s'engager dans le service susdit doit produire un certificat de consentement délivré par les parents ou les tuteurs. Ce certificat doit être légalisé par l'autorité compétente. Si le consentiment est donné par la mère, il faut produire l'acte de décès du père. Quand il est donné par le tuteur, il faut produire un certificat du juge de paix, constatant la nomination du tuteur.“

Auch hier, bei der holländischen Legion, finden wir die gleiche Altersgrenze von 18 Jahren, wie bei der französischen Fremdenlegion. Auch hier ist sie nur auf die physische Tauglichkeit der angehenden Legionäre bezogen, hinsichtlich der Handlungsfähigkeit hat sie keinerlei Bedeutung und Wirkung. Für diese ist ausdrücklich die Grenze von 21 Jahren beibehalten, unter Aufzählung aller Voraussetzungen, welche im Fall des nicht vollendeten 21. Lebensjahres durch den minderjährigen Legionär erfüllt werden müssen, widrigenfalls sein Vertrag nicht vollgültig ist. In der Ordonnanz von 1831 sind letztere nicht erwähnt; es darf auch als überflüssig bezeichnet werden, sie zu benennen, da sie sich aus dem bestehenden Recht ohne weiteres ergeben. Es genügt, daß sie nicht ausdrücklich aufgehoben werden. Ergibt sich also meines Erachtens aus der zitierten Bestimmung der Ordonnanz von 1831 nicht, daß auch die Handlungsfähigkeit für den speziellen Fall mit 18 Jahren eintritt, so könnte sie sich mangels sonstiger Regelung nur daraus ergeben, daß kraft Gewohnheitsrechts ein solcher Rechtszustand herrscht. Ist dies der Fall, so muß zugegeben werden, daß der Legionsvertrag jedes Minderjährigen, sobald er nur 18 Jahre alt ist, vollgültig ist. Ob dieser Rechtszustand heute noch besteht, ist zweifelhaft. Jedenfalls hat er aber bis vor kurzem bestanden, wie auch anzuerkennen ist, daß noch heute die Grenze von 18 Jahren prinzipiell die Grundlage für die Handlungsfähigkeit bildet, welche zum Abschluß des Anwerbevertrages verlangt wird. Daß das geltende Gewohnheitsrecht sich auf Grund eines Rechtsirrtums gebildet hat, nämlich auf Grund einer Verkennung der Bedeutung des Organisationsdekrets, hindert natürlich seine Wirksamkeit nicht. Ist es doch eine häufig beobachtete Tatsache, daß Gewohnheitsrecht infolge irrtümlicher Rechtsauffassung entsteht. Die Bedeutung der Altersgrenze von 18 Jahren ist indessen in letzter Zeit modifiziert worden. Der Unterstaatssekretär im deutschen Auswärtigen Amt, Zimmermann, erklärte am 29. April 1914 in der Budgetkommission des Reichstags, daß bezüglich der Fremdenlegion nach einer Verständigung mit Frankreich minderjährige, unter 20 Jahre alte Deutsche, die sich ohne Zustimmung ihres gesetzlichen Vertreters haben anwerben lassen, freigegeben werden können [1]. Wenn demgegenüber französische Zeitungen, wie „Temps" und „Matin", erklärt haben, es bestehe zwischen Frankreich und Deutschland keinerlei Vereinbarung, vielmehr habe die französische Regierung gewisse Maßnahmen bezüglich jener jungen Leute getroffen, deren Minderjährigkeit im Augenblick des Eintritts in die Fremdenlegion nachgewiesen worden sei — Maßnahmen, von denen die deutsche Regierung, gleich wie alle anderen Staaten, verständigt worden sei, während von einer deutsch-französischen Vereinbarung keine Rede sein könne [2] —, so ist dies kein Grund, an den Worten des Unter-

[1] Vgl. Frankfurter Zeitung, I. Morgenblatt vom 30. April 1914.

[2] Vgl. Berliner Tageblatt, Abendausgabe vom 7. Mai 1914; Frankfurter General-Anzeiger vom 1. Mai 1914.

staatssekretärs zu zweifeln; überdies wird das Wesentlichste zugegeben, daß nämlich Minderjährige unter 20 Jahren freigegeben werden können, sofern sie nicht die Zustimmung des gesetzlichen Vertreters bei der Anwerbung nachgewiesen haben. Diese Modifizierung findet ihre Erklärung in zwei Bestimmungen des französischen Militärgesetzes. Die erste ist in Art. 6 der neuen loi militaire vom 7. August 1913 enthalten und besteht erst seit der jüngsten französischen Militärreform. Art. 6 lautet:

„Chaque année, pour la formation de la classe les maires établissent les tableaux de recensement des jeunes gens ayant attaint l'âge de 19 ans révolus dans l'année précédente et domiciliés dans l'une des communes du canton. Les classes sont incorporés l'année de leur recensement[1]."

Weil demgemäß die französischen Rekruten erst mit 20 Jahren zum Militärdienst herangezogen werden, hat Frankreich seine Bereitwilligkeit erklärt, auch Legionäre, sofern sie dieses Alter nicht erreicht haben, aus dem Dienst zu entlassen.

Die zweite Bestimmung des französischen Militärgesetzes, welche auf die Rechtsverhältnisse der Fremdenlegionäre eingewirkt haben mag, findet sich in Art. 25 des Gesetzes vom 7. August 1913 in Verbindung mit Art. 50 des französischen Militärgesetzes vom 21. März 1905. Sie bezieht sich auf

„Les jeunes gens âgés d'au moins 18 ans qui sont désireux d'aller se fixer, à l'expiration de leur service militaire, soit en Algérie, soit dans une colonie française, soit dans les pays de protectorat, soit à l'étranger hors d'Europe et des pays limitrophes de la Méditerranée[2]."

Diese jungen Leute sollen nur dann zugelassen werden, wenn sie die Zustimmung des gesetzlichen Vertreters nachweisen[3]. Am 22. Oktober 1913 hat der französische Kriegsminister auch ausdrücklich auf diese Bestimmung hingewiesen[4]. Das französische Militärgesetz kommt für die Legionäre nicht in Betracht, da für letztere eine Sondergesetzgebung besteht. Man hat wohl, um den Klagen des Auslandes zu begegnen, sich

---

[1] Vgl. Dalloz, La Nouvelle Loi Militaire Expliquée, S. 19 und 38.

[2] Vgl. Dalloz, a. a. O. S. 32 und 49.

[3] Vgl. Griolet-Vergé S. 486: „S'il a moins de vingt ans, être pourvu du consentement de ses père, mère ou tuteur; ce dernier doit être autorisé par une délibération du conseil de famille."

[4] Vgl. Berliner Tageblatt vom 7. Mai 1914.

dazu entschlossen, diese Bestimmungen, welche in manchen Punkten auf Verhältnisse, ähnlich denen der Fremdenlegion, Bezug haben, analog auf letztere anzuwenden. Allerdings erscheint es zweifelhaft, ob wirklich analoge Verhältnisse vorliegen. Denn der junge Franzose ist auf Grund staatsrechtlicher Verpflichtung gezwungen, Militärdienst zu leisten. Der angehende Legionär hingegen bietet seine Dienste ohne jede Verpflichtung an. Jener leistet den Dienst für sein Vaterland, um militärisch ausgebildet zu werden für die Stunde der Gefahr; für diesen sind die fünf oder mehr Jahre Selbstzweck, und ethische Momente fehlen. Überdies ist seine Dienstzeit viel länger.

Es ergibt sich aus dem Gesagten, daß für den Abschluß des Legionsvertrages viel strengere Anforderungen an Handlungsfähigkeit gestellt werden müßten, als im Fall des jungen Franzosen angemessen sind. Mag daher auch der bestehende Rechtszustand in der geschilderten Weise die Altersgrenze auf 18 bzw. 20 Jahre normieren, so ist doch meines Erachtens die Altersgrenze von 21 Jahren allein diejenige, welche anwendbar ist, da nur hier in Wahrheit analoge Voraussetzungen gegeben sind. Auch Moch sagt[1]: „C'est la nécessité de s'assurer, qu'ils ont bien l'âge requis et la capacité civile, de signer un contrat".

Immerhin ist es zu begrüßen, daß nunmehr wenigstens bis zur Vollendung des 20. Lebensjahres die französische Regierung bereit ist, den jungen Legionär zu entlassen, sofern ihm nicht die Zustimmung seines gesetzlichen Vertreters zum Abschluß seines Anwerbevertrags erteilt war[2]. Solange diese Zustimmung fehlt, ist der Vertrag in der Schwebe[3]. Seine Gültigkeit hängt vom Willen des gesetzlichen Vertreters ab. Erteilt er seine Genehmigung, so ist der Vertrag von Anfang an voll wirksam, verweigert er sie, so ist er nichtig. Hier kann naturgemäß nur der Fall interessieren, daß der gesetzliche Vertreter mit der Handlungsweise des jungen Legionärs nicht ein-

[1] Vgl. Moch, a. a. O. S. 316.

[2] Meines Erachtens handelt es sich hier nicht lediglich um einen Akt der Courtoisie, sondern um eine von der opinio juris sive necessitatis getragene Modifizierung des bisherigen Gewohnheitsrechts durch neues.

[3] Vgl. Zachariä-Crome, Handbuch des französischen Zivilrechts § 30.

verstanden ist. Im anderen Fall kommt ein vollgültiger Vertrag zustande, der auch vom völkerrechtlichen Standpunkt aus, wie früher dargelegt, mit Erfolg nicht angegriffen werden kann. Daß ein junger Mann mit Zustimmung seines gesetzlichen Vertreters fremde Militärdienste annimmt, wäre zudem nicht ausschließlich bei der französischen Fremdenlegion der Fall. In der holländischen Legion ist es, wie erwähnt, ebenso. Aber diese weicht gerade darin von der französischen Fremdenlegion vorteilhaft ab, daß sie Minderjährige vor Vollendung des einundzwanzigsten Lebensjahres nur einstellt, wenn sie die elterliche Genehmigung zum Eintritt in die Legion nachweisen. Frankreich hat diese Bestimmung absichtlich nicht getroffen, wie Poimiro ausführt, „um die Eltern nicht für die Fehler ihrer Kinder zu strafen“ [1]. Die Auffassung des französischen Schriftstellers ist beherrscht von Revanchegedanken. Er geht vom Standpunkt der Elsaß-Lothringer aus. Der elsaß-lothringische Familienvater, der seine Einwilligung geben würde zum Eintritt des Sohnes in die Fremdenlegion, müsse in Deutschland zurückbleiben als der Rache Pfand. Das Sonderbare bei dieser Begründung ist nur, daß völlig übersehen ist, daß die fragliche Bestimmung aus dem Jahr 1831 stammt, es damals aber noch keine elsaß-lothringische Frage gab. Die versuchte Rechtfertigung darf demnach als höchst unglücklich bezeichnet werden. Daß das Verfahren der holländischen Regierung korrekter ist, muß auch Poimiro zugeben.

Moch teilt die Bedenken Poimiros, kann sich aber gleichwohl der Unhaltbarkeit des französischen Standpunkts nicht verschließen. Er schlägt deshalb folgende Novelle vor [2]:

> „Tout mineur qui désire contracter un engagement à la légion étrangère est tenu de produire l'autorisation de son père ou tuteur. Est dispensé de cette condition le mineur, dont le père ou tuteur réside à l'étranger, et qui réside lui-même en territoire français depuis six mois au moins.“

Der Vertrag des noch nicht Zwanzigjährigen ist also infolge Verweigerung der Genehmigung des gesetzlichen Vertreters von Anfang an nichtig. Diese Nichtigkeit kann von jedermann geltend gemacht werden. Sowohl der Legionär selbst als auch

---

[1] Vgl. Poimiro, La Légion étrangère et le droit international, S. 184.

[2] Vgl. Moch, a. a. O. S. 323.

seine Eltern, wie insbesondere die Regierung des Heimatsstaates können die Entlassung des Fremdenlegionärs fordern. Ja man wird sogar soweit gehen dürfen, den französischen Staat, sofern er offiziell von der Nichtigkeit des betreffenden Anwerbevertrages Kenntnis erlangt hat, für verpflichtet zu erklären, den Legionär aus eigenem Antrieb von Amts wegen zu entlassen. Auch alle sonstigen Folgen der Nichtigkeit des Vertrages sind ohne Einschränkung zu ziehen. Namentlich sind die über den vermeintlichen Legionär (Scheinlegionär) verhängten Strafen zu Unrecht angeordnet. Sämtliche Delikte des Legionärs während seiner Dienstzeit sind in diesem Fall nach bürgerlichem Strafrecht von den ordentlichen Gerichten abzuurteilen.

§ 15.

Die Rechtslage derjenigen Legionäre, die nach Vollendung des 18. Lebensjahres in die Legion eingetreten sind und während der Dienstzeit das 20. Lebensjahr vollendet haben.

Es ist weiterhin zu prüfen, wie die Rechtsverhältnisse derjenigen Legionäre zu beurteilen sind, die im Alter von 18 Jahren den Anwerbevertrag unterzeichnet haben, dann aber während ihrer Dienstzeit in der Legion das 20. Lebensjahr vollendet und den Dienst in der Legion fortgesetzt haben.

Bis zur Erlangung der Spezial-Volljährigkeit ist naturgemäß auch bei diesen Legionären in der gleichen Weise, wie es oben dargestellt worden ist, die Gültigkeit ihres Anwerbevertrages und damit ihre rechtliche Stellung in der Schwebe. Setzt der Legionär, nachdem er das 20. Lebensjahr vollendet hat und somit für den speziellen Fall handlungsfähig geworden ist, den Dienst in der Fremdenlegion fort, ohne zuvor geltend gemacht zu haben, daß er den Anwerbevertrag aus rechtlichen Gründen nicht anerkenne, so wird man sein Verhalten nur so deuten können, daß er auch jetzt noch bereit und willens ist, als Legionär zu dienen, nachdem er diejenige Altersgrenze erreicht hat, welche nach herrschender Ansicht eine genügende geistige Reife gewährleistet, um unbeschränkt nach eigenem Ermessen im konkreten Fall rechtswirksam handeln zu können. Man wird also aus dem Verhalten des handlungsfähig gewordenen Legionärs schließen dürfen, daß er seinen ehemals abgeschlossenen

Anwerbevertrag stillschweigend genehmige. Diesen Schluß, der sich aus einem allgemein anerkannten Rechtssatz ergibt, wird man unbedenklich ziehen dürfen. Das Deutsche Bürgerliche Gesetzbuch bestimmt in § 108 Abs. 3: „Ist der Minderjährige unbeschränkt geschäftsfähig geworden, so tritt seine Genehmigung an die Stelle der Genehmigung des gesetzlichen Vertreters." Der Code Civil hat die entsprechende Bestimmung in Art. 1311, wonach der Minderjährige nicht gehört werden kann, wenn er einen Vertrag anfechten will, den er während der Minderjährigkeit unterzeichnet, aber nach erlangter Volljährigkeit genehmigt hat. Für das öffentliche Recht ist dieser Satz in gleicher Weise analog anzuwenden. Daß überdies die Genehmigung durch concludente Handlungen und stillschweigend erfolgen kann, dürfte wohl keinem Widerspruch begegnen. Es ergibt sich also, daß derjenige Legionär, der den in minderjährigem Alter angetretenen Legionsdienst nach Vollendung des 20. Lebensjahres fortsetzt, in rechtlicher Beziehung dieselbe Stellung genießt, wie wenn er den Anwerbevertrag in rechtmäßigem Alter und dementsprechend vollgültig abgeschlossen hätte.

Immerhin wird man diesen Grundsatz nur für den Regelfall aufstellen dürfen, demgegenüber Ausnahmefälle denkbar sind. Nehmen wir z. B. an, es handelt sich um einen Fremdenlegionär, der einst, 18 Jahre alt, in jugendlichem Leichtsinn den Anwerbevertrag unterzeichnet hat. Nunmehr, nachdem er 20 Jahre alt geworden ist und somit zwei weitere, für die Entwicklung eines jeden jungen Mannes hochbedeutsame Jahre verflossen sind, würde er eine gleiche Torheit nicht mehr begehen. Obwohl er sich unglücklich fühlt und sich auch wohl bewußt ist, daß der Anwerbevertrag seinerzeit nicht wirksam zustande kam, zögert er doch immer, die Mängel seines Vertrags geltend zu machen. Denn er glaubt, er werde mit seinen Beschwerden taube Ohren finden und fürchtet, statt der ersehnten Freiheit werde ihn Mißgunst seiner Vorgesetzten oder harte Strafe erwarten. Trotz allem sinnt er tagtäglich, wie er zu seinem Rechte kommen könne. In diesem Fall wird man den Eltern, wenn sie nach mehreren Jahren fruchtlosen Suchens in Erfahrung gebracht haben, daß ihr Sohn in den Fesseln der Fremdenlegion gefangen ist und sie ihn daraus befreien wollen, nicht entgegenhalten können, der Vertrag sei inzwischen vollgültig geworden, da der Sohn stillschweigend seine Genehmigung erteilt habe. Denn letzteres lag ihm ja völlig fern. Im Gegenteil, tagtäglich sann er nach, wie er die ihm wohlbewußte Unwirksamkeit des Anwerbevertrags mit Erfolg geltend machen könne. Eine wirkliche Genehmigung, mag sie auch stillschweigend sein, ist aber unbedingt erforderlich, denn um eine Verschweigungsfrist, mit deren Ablauf das Rügerecht verloren geht, sodaß aus diesem Grunde der Vertrag unanfechtbar wird, handelt es sich hier nicht. Wird man also auch nicht zweifelhaft sein dürfen, daß der Reklamation unbedingt Folge zu leisten ist, so wird man doch andererseits zugeben müssen, daß in diesem Fall die reklamierende Partei die Beweislast dafür trifft, daß in der Fortsetzung des Legionsdienstes nach erlangter Volljährigkeit keine Genehmigung des Legionärs enthalten sei. Der französische Staat wird mit Recht geltend machen können, daß die Vermutung zu seinen Gunsten spreche. Wir kommen also zu dem Ergebnis, daß die Fortsetzung des Dienstes seitens des Fremdenlegionärs nach erlangter Handlungsfähigkeit in jedem Fall von rechtlicher Relevanz ist. In der Regel bedeutet sie Genehmigung des Anwerbevertrages mit rückwirkender Kraft, sodaß der Legionär von Anfang seiner Dienstzeit an vollgültig und rechtswirksam in den Diensten der Fremdenlegion stand. Nur ausnahmsweise ist in der Fortsetzung des Dienstverhältnisses nach dem angegebenen Termin eine stillschweigende Genehmigung nicht zu erblicken. In diesem Fall trifft aber den Legionär bzw. denjenigen, der sich zu seinen Gunsten auf Nichtigkeit des Anwerbevertrages beruft, die Beweislast dafür, daß der Vertrag nicht durch konkludente Handlung wirksam genehmigt worden sei.

Sechstes Kapitel.

Verliert der Legionär durch Eintritt in die Legion seine bisherige Staatsangehörigkeit?

Es erhebt sich die weitere Frage, ob die Legionäre infolge ihres Eintrittes in die Fremdenlegion ihre bisherige Staatsangehörigkeit verlieren. Diese Frage gibt zu besonderen Untersuchungen hinsichtlich der Minderjährigen Anlaß.

Bei Legionären deutscher Nationalität tritt der Verlust der Staatsangehörigkeit in keinem Fall ein, da das deutsche Reichs- und Staatsangehörigkeitsgesetz vom 22. Juli 1913 einen Verlust der Staatsangehörigkeit durch Annahme fremder Militärdienste nicht kennt[1]. Wohl haben dagegen zahlreiche ausländische Staaten diese Bestimmung getroffen. Der französische Code Civil besagt in Art. 17 § 4: „perd la qualité de Français ... le Français qui sans autorisation du gouvernement prend des services militaires à l'étranger."

Österreich bestimmt in Art. 32 des Österreichischen Bürgerlichen Gesetzbuches: „Die österreichisch-ungarische Staatsangehörigkeit wird verloren durch Annahme fremder Zivil- oder Militärdienste."

Italien hat in Art. 70 des Gesetzes vom 13. Juni 1912 angeordnet: „Derjenige verliert die italienische Staatsangehörigkeit, der ... in den Militärdienst einer fremden Macht tritt und dort bleibt trotz der Auffordernng der italienischen Regierung, binnen bestimmter Frist ... den Militärdienst zu verlassen."

England[2] und Rußland stehen auf dem deutschen Standpunkt.

Was die kleineren Staaten anbelangt, so haben Spanien[3], Portugal[4], Bulgarien[5], Griechenland[6], Rumänien[7] und Mexiko[8] sich in gleicher Weise wie Frankreich entschieden, während Belgien[9], Serbien und Japan, welch letztere keine diesbezüglichen Bestimmungen vorgesehen haben, zu dem gleichen Ergebnis wie Deutschland gelangen.

Der Legionär, der in volljährigem Alter fremde Militärdienste annimmt, würde also nach der Gesetzgebung ver-

---

[1] Vgl. §§ 17 ff. eodem, insbesondere auch § 28, der lediglich Verlust der Staatsangehörigkeit infolge Beschlusses der Zentralbehörde des Heimatsstaates unter bestimmten Voraussetzungen normiert.

[2] Vgl. Gesetz vom 10. Mai 1870.

[3] Gesetz vom 30. Juni 1870 Art. 7.

[4] Gesetz vom 29. April 1826 Art. 8, unverändert im Gesetz vom 21. August 1911.

[5] Gesetz vom 10. Januar 1908.

[6] Gesetz von 1903.

[7] Gesetz vom 12. Juli 1866.

[8] Gesetz vom 28. Mai 1866.

[9] Gesetz vom 21. Juni 1865.

schiedener Staaten seine Staatsangehörigkeit verlieren. Trifft dies nun auf den minderjährigen Legionär in gleicher Weise zu?

Mit Recht wird diese Frage von der herrschenden Meinung verneint. Folleville[1] versucht die entgegengesetzte Ansicht in der Weise zu stützen, daß er die zitierte Bestimmung des Code Civil, wonach die Annahme fremder Militärdienste den Verlust der französischen Staatsangehörigkeit zur Folge hat, als Strafbestimmung auslegt. In krimineller Beziehung stehe aber ein Minderjähriger einem Volljährigen gleich, sobald er die erforderliche Einsicht besitzt. Dieser Auffassung kann nicht beigepflichtet werden. Daß die erwähnte Bestimmung keine kriminelle Tendenz hat, dürfte schon daraus zu folgern sein, daß die Strafen, welche das Strafgesetz für hierher gehörende Delikte Wehrpflichtiger vorgesehen hat, ausdrücklich vorbehalten sind[2]. Ein Minderjähriger kann nach französischem Recht seine Staatsangehörigkeit nicht wechseln. Diese Entscheidung hat auch der französische Kassationshof in einem Urteil vom 15. Januar 1912 getroffen.

Die Gesetzgebungen derjenigen Staaten, welche gleich Frankreich den Standpunkt vertreten, daß die Dienstleistung in fremden Armeen die Verwirkung der eigenen Staatsangehörigkeit zur Folge haben müsse, haben sich auch in Bezug auf die Minderjährigen dem französischen Recht angeschlossen[3].

Es ergibt sich somit, daß kein Minderjähriger, welcher Nationalität er auch sei, durch Eintritt in die französische Fremdenlegion seine bisherige Staatsangehörigkeit verliert.

Siebentes Kapitel.

Die Naturalisation von Fremdenlegionären.

§ 16.

Die französischen Bestimmungen betreffend Erwerb der Staatsangehörigkeit und ihre Anwendung auf die Fremdenlegionäre.

In der Erkenntnis, wie gering die Vorteile sind, welche der französische Staat den Fremdenlegionären dafür bietet, daß

[1] S. Folleville, Traité théorétique et pratique de la naturalisation, S. 48.

[2] Zustimmend Poimiro, La légion étrangère et le droit international, S. 183.

[3] Vgl. Poimiro, a. a. O. S. 183.

sie eine lange Reihe von Jahren sich zum Ruhm und Vorteil Frankreichs den schwersten Mühen unterziehen, ja selbst die Preisgabe ihres Lebens nicht scheuen, versuchen die französischen Schriftsteller gar manches als Vergünstigung für die wackeren Legionäre hinzustellen, was in Wirklichkeit keinen Anspruch machen kann, als solche bezeichnet zu werden. Hierzu gehört in erster Linie die Möglichkeit der Naturalisation. Sie ist, wie von französischer Seite versichert wird[1], die größte Gunst und die größte Ehre, die einem Fremden zuteil werden kann. Es wird als eine hohe Auszeichnung der Legionäre hingestellt, daß ihnen die Möglichkeit der Naturalisation gewährt wird. Hierin liegt aber kein Vorrecht der Legionäre; denn tatsächlich kann jeder Fremde unter bestimmten Voraussetzungen französische Staatsangehörigkeit erwerben. Diese Möglichkeit besteht seit langem. Zur Zeit des Ancien Régime wurde Ausländern durch königliche Gnade das Bürgerrecht verliehen, indem ihnen sogenannte „lettres de naturalité“ und „lettres de déclaration de naturalité“ verliehen wurden[2]. Dieses Recht wurde mitunter sogar einer ganzen Gruppe von Personen auf einmal verliehen. So verlieh beispielsweise Heinrich IV. das französische Bürgerrecht allen Personen, welche in den vlämischen „ateliers de tapisseries“ gearbeitet hatten. Die Naturalisationsbriefe waren für Geld käuflich, der Preis wurde nach den Vermögensverhältnissen des Einzelnen bemessen.

Am 2. Mai 1790 erging ein Gesetz, durch welches das Bürgerrecht auch solchen Personen verliehen wurde, welche zwar im Ausland geboren und fremder Staatsangehörigkeit waren, aber seit 5 Jahren in Frankreich ihren Wohnsitz hatten und sich dem bürgerlichen Eid (serment civique) unterzogen hatten. Vorausgesetzt wurde außerdem, daß sie Immobilien erwarben oder eine Handelsniederlassung hatten.

Durch Erlaß vom 17. März 1809 wurde die vorgeschriebene Dauer des Aufenthalts in Frankreich auf 10 Jahre erhöht und die Verleihung einer „lettre de naturalisation“ gefordert. So blieb es bis zum Jahre 1889.

Am 26. Juni 1889 erging ein neues, noch heute geltendes Gesetz, welches die Bestimmungen über die Naturalisation von

[1] Vgl. Poimiro, La légion étrangère et le droit international, S. 172.
[2] S. Lebon, Das Verfassungsrecht der französischen Republik, S. 33.

Ausländern wesentlich umgestaltete. Die hier in Betracht kommenden Bestimmungen sind folgende:

1. Die Naturalisation wird solchen Ausländern gestattet, welche durch ein Dekret die Genehmigung zu ihrer Niederlassung in Frankreich erhalten haben; die Naturalisation kann aber nur nach 3 Jahren ununterbrochenen Aufenthalts in Frankreich, vom Tag der Eintragung des Gesuchs in die Register des Justizministeriums, gewährt werden.

2. Weiter kann naturalisiert werden, wer den ununterbrochenen Aufenthalt während 10 Jahren in Frankreich beweisen kann. Der Aufenthalt in einem fremden Lande zwecks Ausführung eines von der französischen Regierung gegebenen Auftrags wird dem Aufenthalt in Frankreich selbst gleichgestellt.

3. Ausländer, welche Frankreich große Dienste geleistet haben, können schon nach einem Jahr französische Staatsangehörigkeit erwerben. Als solche Dienste werden betrachtet: die Betätigung hervorragender Talente, die Einführung neuer Industrie oder neuer Entdeckungen, die Gründung bedeutender industrieller oder landwirtschaftlicher Unternehmungen, die Zugehörigkeit zum Militärdienst in den Kolonien oder in solchen Ländern, welche dem französischen Protektorat unterstehen.

Aus dem Gesagten ergibt sich, daß man von einer Bevorzugung der Legionäre in keiner Weise reden könnte, wenn ihnen nach einjährigem Legionsdienst die französische Staatsangehörigkeit verliehen würde. Aber das ist nicht einmal der Fall. Denn niemand, auch nicht der Legionär, hat ein Recht darauf, naturalisiert zu werden. Bittet ein Ausländer, und das gilt auch beim Legionär, um Verleihung der Staatsangehörigkeit, so werden erst Erkundigungen eingezogen, und nur bei günstiger Auskunft wird die Naturalisation, immer nach freiem Belieben, durch Erlaß gewährt [1]. Man kann sich vorstellen, daß diese Auskunft bei den Fremdenlegionären in der Regel keine gute sein wird. Überdies wird die Behörde Fremdenlegionären gegenüber ein weit größeres Mißtrauen hegen als gegenüber sonstigen Personen, da bei ersteren doch die Vermutung dafür spricht, daß sie übel beleumundet sind. So gelangt man also tatsächlich

[1] Vgl. Lebon, a. a. O. S. 34.

dazu, daß die vielgepriesene Vergünstigung, die den Legionären zuteil wird, in Wahrheit eine Zurücksetzung bedeutet.

Hierzu kommt folgende Besonderheit. Für Algerien bestehen Spezialbestimmungen über die Naturalisation. Diejenigen Ausländer, die in Algerien leben und naturalisiert werden sollen, müssen das 21. Lebensjahr überschritten haben und mindestens 3 Jahre in Algerien gewohnt haben, während eine besondere Bewilligung zur Niederlassung hier nicht gefordert wird. Diese besondere Regelung für Algerien beruht auf dem Senatsbeschluß vom 14. Juli 1865 und dem Gesetz vom 26. Juni 1889.

Es erhebt sich nun die Frage, ob trotzdem die allgemeinen Bestimmungen auch für Algerien in Kraft geblieben sind, wonach im Fall einjährigen Kriegsdienstes in den Kolonien oder Protektoratsländern die Naturalisation nach Ablauf schon eines Jahres erfolgen kann. Es darf nicht zweifelhaft sein, daß die Frage zu bejahen ist. Man käme sonst zu dem seltsamen Ergebnis, daß die Ausländer, welche in Tunis Kriegsdienste verrichten, nach einem Jahr naturalisiert werden können, diejenigen dagegen, welche in Algerien im Dienst stehen, erst nach Ablauf von 3 Jahren. Diese Unterscheidung wäre aber völlig zwecklos und unverständlich. Es kann daher auch nicht angenommen werden, daß die Gesetzgeber sie beabsichtigten [1].

Eine weitere Streitfrage ist die folgende: Hat die Verleihung der Naturalisation auf Grund des Aufenthalts in einer französischen Kolonie Wirkung nur für die betreffende Kolonie, sodaß der betreffende Ausländer nur in der Kolonie als naturalisiert gilt, für welche ihm die Staatsangehörigkeit verliehen worden ist, oder hat eine derartige Naturalisation die gleiche Wirkung, wie wenn sie in Frankreich selbst erfolgt wäre?

Die erstere Auffassung vertritt Dislère [2]. Er behauptet, die in den Kolonien erfolgte Naturalisation mache den Ausländer zu einem „sujet français“, aber nicht zu einem „citoyen français“.

Demgegenüber erklärt Audinet [3], die Naturalisation auf Grund des bestimmungsgemäßen Aufenthalts in den Kolonien habe dieselbe Wirkung, wie die auf Grund mehrjährigen Aufent-

---

[1] Zustimmend Audinet, Revue Algérienne et Tunisienne de législation et jurisprudence, 1889, S. 160; Poimiro, a. a. O. S. 173.

[2] Siehe Dislère, Traité de législation coloniale S. 201.

[3] Vgl. Audinet, a. a. O. S. 168.

halts in Frankreich erworbene Staatsangehörigkeit. Ohne Zweifel verdient letztere Auffassung den Vorzug. Das ergibt sich aus den Bestimmungen des Gesetzes vom 26. Juni 1889, welches von einer solchen Unterscheidung, wie sie von Dislère und seinen Anhängern gemacht wird, nichts weiß. Es entspricht auch der Auffassung des höchsten französischen Gerichtshofes. Der Kassationshof hat entschieden, daß ein Akt, der in den Kolonien Gesetzeskraft hat, auch in gleicher Weise für Frankreich Gültigkeit besitzt [1]. Demnach ist die Naturalisation, die mit Wirkung für die Kolonien verliehen wird, auch für Frankreich selbst voll verbindlich, gleich als ob sie im Mutterland gewährt worden wäre.

Schließlich hat Frankreich naturgemäß auch selbst ein Interesse daran, Fremdenlegionäre zu naturalisieren und sie auf diese Weise sich fester zu verbinden. Häufig setzen sich naturalisierte Fremdenlegionäre in den Kolonien fest und bieten dadurch Frankreich einen doppelten Vorteil. Sie kolonisieren das Land und stellen außerdem eine nicht zu unterschätzende Reserve für den Kriegsfall dar. Unter diesen Umständen darf es sich Frankreich nicht zum Ruhm rechnen und es als eine Wohltat gegenüber den Fremdenlegionären hinstellen, wenn durchschnittlich im Jahr 280 Fremdenlegionäre naturalisiert werden [2]. Bei einer jährlichen Einstellung von rund 1200 Legionären ist dieser Prozentsatz nicht einmal sehr erheblich. Zur Veranschaulichung der großen Zahl von Naturalisationen gibt Poimiro folgende Statistik, die er der Auskunft der Kommandeure des ersten und zweiten Fremdenregiments verdankt. Eine Nachprüfung ist natürlich nicht möglich. Trotzdem dürfte die Aufstellung von Interesse sein. Danach enthielt das erste Fremdenregiment am 1. Januar 1912:

50 % Franzosen,
18 % Deutsche,
7 % Elsaß-Lothringer,
7 % Belgier,
6 % Schweizer,
3 % Italiener usw.

---

[1] S. Poimiro, a. a. O. S. 176.

[2] Vgl. Poimiro, La légion étrangère et le droit international, S. 177.

bei einer Gesamtstärke von 5300 Mann. Das zweite Fremdenregiment setzte sich am 1. Januar 1913 wie folgt zusammen:

2169 Franzosen,
985 Deutsche,
354 Elsaß-Lothringer,
391 Belgier,
327 Schweizer,
255 Italiener,
128 Spanier,
87 Tunesier, Algerier, Marokkaner,
61 Russen,
41 Luxemburger

bei einer Gesamtstärke von 5133 Mann.

Wie groß unter den Franzosen der Prozentsatz der Naturalisierten ist, wird leider nicht gesagt. Es ist jedoch anzunehmen, daß dieser recht erheblich ist. Denn einmal läßt sich nach den Erfahrungen kaum glauben, daß auch nur annähernd die Hälfte der Legionäre eines Fremdenregiments Franzosen seien, und zum anderen fällt die geringe Zahl der Elsaß-Lothringer auf, die in der Statistik, dem Revanchegefühl zuliebe, gesondert aufgeführt sind. Daß ihre Zahl nur etwa den vierten Teil aller in der Fremdenlegion dienenden Deutschen ausmache, kann nicht stimmen. Es ist daher zu vermuten, daß gerade sie einen beträchtlichen Prozentsatz der naturalisierten Legionäre darstellen.

Der Wert der Naturalisation besteht darin, daß die Fremdenlegionäre nach Ablauf ihrer Dienstzeit sich um französische Zivilämter bewerben können. Sie können ferner in andere französische Truppenteile übergehen, wo sie weit günstiger gestellt sind als in der Fremdenlegion.

Man wird es begreifen, daß die Franzosen bei der Prüfung der Naturalisationsgesuche von Fremdenlegionären rigoros vorgehen. Denn es liegt sicher nicht im Staatsinteresse, allzuvielen zweifelhaften Existenzen — und aus solchen besteht die Legion doch größtenteils — die französische Staatsangehörigkeit zu verleihen. Aber wenn die Naturalisation gewährt wird, geschieht es doch in erster Linie im Interesse Frankreichs. Da, wie erwähnt, diese Eigenschaft jedem Ausländer unter den gleichen Bedingungen, wie den Legionären, gewährt wird, läßt sich von einer Vergünstigung gegenüber den Fremdenlegionären gewiß nicht reden.

§ 17.

Verliert der Legionär infolge der Naturalisation seine bisherige Staatsangehörigkeit?

Der Eintritt in die französische Fremdenlegion hat, wie früher schon erwähnt, für die deutschen Staatsangehörigen, auf die es uns im wesentlichen ankommt, den Verlust der deutschen Staatsangehörigkeit nicht zur Folge. Das Deutsche Reichs- und Staatsangehörigkeitsgesetz vom 22. Juli 1913 erkennt den Eintritt in fremde Kriegsdienste nicht als Grund für den Verlust der Staatsangehörigkeit an. Andere Staaten haben eine entgegengesetzte Auffassung. Darauf ist an früherer Stelle schon hingewiesen worden.

Es fragt sich weiter, ob der Erwerb der französischen Staatsangehörigkeit durch den deutschen Fremdenlegionär für letzteren den Verlust der deutschen Staatsangehörigkeit zur Folge haben muß.

In dem Schriftsatz der französischen Regierung zum Casablanca-Zwischenfall[1] wird der eine der deutschen Deserteure, deren versuchte Einschiffung den Streit heraufbeschworen hatte, „un ci-devant Allemand“ genannt, weil er am 16. März 1908 französische Staatsangehörigkeit erworben hatte. Die Bezeichnung als ehemaliger Deutscher bringt ohne Zweifel zum Ausdruck, daß der betreffende Fremdenlegionär nunmehr, nachdem er in Frankreich naturalisiert sei, kein Deutscher mehr sei. Demgegenüber hat die deutsche Regierung in ihrem Gegenschriftsatz ausgeführt, daß der in Rede stehende Fremdenlegionär durch seine in Frankreich erfolgte Naturalisation seine Reichsangehörigkeit nicht verloren habe. Da er somit Deutscher war, hätte ihm der deutsche Konsul, selbst wenn er gewußt hätte, daß der Legionär gleichzeitig Franzose sei, seinen Schutz nicht versagen dürfen. Denn alle Deutschen haben gleichmäßig Anspruch auf den Schutz des Reiches.

Hinsichtlich des Casablanca-Zwischenfalls befand sich die

[1] Vgl. ebenda S. 19.

deutsche Regierung im Recht. Nach dem damals noch bestehenden Rechtszustand wurde die Staatsangehörigkeit (von den sonstigen, hier nicht in Betracht kommenden Fällen abgesehen) verloren durch zehnjährigen Aufenthalt im Ausland. In diesem Fall wurde ein Verzicht auf die Reichsangehörigkeit vermutet, der nur durch Eintragung in die Matrikel eines Reichskonsuls widerlegt werden konnte. Nach damaligem Recht hatte also der Deserteur der Fremdenlegion, der ein halbes Jahr vor dem Zwischenfall naturalisiert worden war, deswegen seine Staatsangehörigkeit nicht verloren.

Heute, auf Grund des Reichsgesetzes vom 22. Juli 1913, sind die Rechtsverhältnisse andere. Die Vorschrift, daß der Verlust der Staatsangehörigkeit durch zehnjährigen Aufenthalt im Auslande eintrete, ist beseitigt. Dagegen findet sich in § 25 des erwähnten Gesetzes die Bestimmung, daß ein Deutscher, der im Inland weder seinen dauernden Wohnsitz noch seinen dauernden Aufenthalt hat, seine Staatsangehörigkeit mit dem Erwerb einer ausländischen Staatsangehörigkeit verliert, wenn dieser Erwerb auf seinen Antrag oder auf den Antrag des Ehemannes oder des gesetzlichen Vertreters erfolgt. Die deutsche Staatsangehörigkeit wird nur dann nicht verloren, wenn derjenige, der sich im Ausland naturalisieren lassen will, vor dem Erwerb der ausländischen Staatsangehörigkeit auf seinen Antrag die schriftliche Genehmigung der zuständigen Behörde seines Heimatsstaates zur Beibehaltung seiner Staatsangehörigkeit erhalten hat. Vor der Erteilung der Genehmigung ist der deutsche Konsul zu hören. Da die Erteilung der französischen Staatsangehörigkeit niemals von Amts wegen, sondern ausnahmslos nur auf Antrag erfolgt, ergibt sich, daß der Fremdenlegionär, der in Frankreich seine Naturalisation nachsucht und daraufhin französischer Staatsangehöriger wird, gleichzeitig kraft Gesetzes seine deutsche Staatsangehörigkeit verliert. Es müßte denn sein, daß er vor der Verleihung der französischen Staatsangehörigkeit in der geschilderten Weise um die Genehmigung zur Beibehaltung der deutschen Staatsangehörigkeit einkommt. Letzteres wird jedoch bei Fremdenlegionären nur in den seltensten Fällen zutreffen.

Die Genehmigung zur Beibehaltung der deutschen Staatsangehörigkeit braucht nicht erteilt zu werden. Vielmehr kann der Reichskanzler unter Zustimmung des Bundesrats anordnen, daß Personen, welche die Staatsangehörigkeit in einem bestimmten ausländischen Staat erwerben wollen, die vorerwähnte Genehmigung nicht erteilt werden darf[1].

Achtes Kapitel.

Die Auslieferung von Fremdenlegionären.

§ 18.

Die Entwicklung des Auslieferungswesens.

Das Auslieferungswesen ist vornehmlich eine Errungenschaft der neueren Zeit, ein Zeichen der gemeinsamen Bande, von denen alle der Kulturgemeinschaft angehörigen Nationen sich umschlungen fühlen. Seine Regelung bedeutet zugleich einen wichtigen Abschnitt des kodifizierten Völkerrechts.

Daß dem Altertum die Auslieferung von Verbrechern im wesentlichen fremd war, ist nicht nur auf die unentwickelten Verhältnisse des internationalen Verkehrs der damaligen Zeit zurückzuführen. Es kommt hinzu, daß ein Aufenthalt fern von der Heimat nach damaligen Begriffen an sich eine außerordentlich harte Strafe darstellte, die der Todesstrafe kaum nachstand. Mancher Verbrecher, dem die Wahl zwischen Tod und Verbannung gelassen wurde, entschied sich für ersteren[2]. So fehlte es den Staaten des Altertums an dem praktischen Bedürfnis, Vereinbarungen wegen der Auslieferung von Verbrechern zu treffen. Daß außerdem mangels völkerrechtlicher Beziehungen der Staaten untereinander der Regelung des Auslieferungswesens gewaltige Schwierigkeiten entgegengestanden hätten, bedarf keiner näheren Darlegung.

Wie groß letztere waren, beweist zur Genüge, daß selbst im Mittelalter eine vertragsmäßige Regelung des Auslieferungswesens fast noch nirgends bestand. Nur ein einziger Auslieferungsvertrag ist aus dieser Zeit bekannt. Er wurde am 4. März 1376 zwischen Frankreich und Savoyen geschlossen und bezog sich auf die Auslieferung wegen gemeiner Ver-

[1] S. § 25 Abs. 3 des Reichs- und Staatsangehörigkeitsgesetzes vom 22. Juli 1913.

[2] Vgl. Saint-Aubin, L'extradition et le droit extraditionel, S. 5.

brechen. Immerhin findet sich zu dieser Zeit bereits die Auslieferung wegen solcher Delikte, die sich gegen den Landesherrn des ersuchenden Staates gerichtet hatten, in tatsächlicher Übung[1]. Häufig wurde auch an Stelle eines Auslieferungsbegehrens der Zufluchtsstaat ersucht, von sich aus die Bestrafung des flüchtigen Verbrechers vorzunehmen.

Der Fortbildung des Auslieferungswesens standen überdies noch Asylrechte verschiedenster Art entgegen, deren Darstellung hier nicht unsere Aufgabe sein kann.

Im Lauf des 16. und 17. Jahrhunderts war die Entwicklung wenigstens so weit fortgeschritten, daß in Bündnisverträgen häufig die Auslieferung von Aufrührern und politischen Verbrechern garantiert wurde[2].

Ein eigentlicher Auslieferungsvertrag wurde dann endlich 1736 zwischen Frankreich und den Niederlanden geschlossen. Er regelte in genauen Vorschriften die Auslieferung unter Aufführung der einzelnen Auslieferungsdelikte und schuf zum ersten Mal ein eigentliches Auslieferungsrecht. Ihm folgten Nachbildungen in größerer Zahl, von denen der am 26. März 1759 zwischen Frankreich und Württemberg geschlossene Vertrag wegen seiner Vollständigkeit besondere Erwähnung verdient[3].

Im 19. Jahrhundert wurden dann Auslieferungsverträge in großer Menge geschlossen. Aus dieser Zeit stammen auch die zwischen Frankreich und den deutschen Einzelstaaten getroffenen Vereinbarungen, welche mangels reichsrechtlicher Regelung heute noch in Kraft sind.

Der Vertrag zwischen Frankreich und Preußen wegen gegenseitiger Auslieferung flüchtiger Verbrecher datiert vom 21. Juni 1845[4] und hat durch Art. 18 der Zusatzkonvention vom 11. Dezember 1871 zum Frankfurter Friedensvertrag auch für Elsaß-Lothringen Geltung erlangt. Die Ausdehnung des preußisch-französischen Auslieferungsvertrags auf das Reichsland wurde zwar damals nur für eine vorläufige Maßnahme erklärt, doch ist der Rechtszustand bis heute der gleiche geblieben[5].

---

[1] Vgl. Saint-Aubin, a. a. O.

[2] S. Calvo, Le droit international II § 1226.

[3] S. Billot, Traité de l'extradition, S. 40.

[4] S. Preußische Gesetzessammlung, S. 579.

[5] Vgl. Bleyer, Sammlung von Staatsverträgen über Angelegenheiten der Rechtspflege und der Justizverwaltung, S. 29.

Der Auslieferungsvertrag zwischen Frankreich und Bayern ist am 29. November 1869 geschlossen, mit dem Königreich Sachsen vertrug sich die Republik durch Abkommen vom 28. April 1850, ihr Vertrag mit Württemberg, betreffend die gegenseitige Auslieferung von Verbrechern und Leistung von Rechtshilfe in Strafsachen stammt vom 25. Januar 1853.

Weitere Auslieferungsverträge hat Frankreich mit Baden (27. Juni 1844), Hessen (26. Januar 1853), Mecklenburg-Schwerin (26. Januar 1847), Mecklenburg-Strelitz (10. Februar 1847), Oldenburg (6. März 1847), Sachsen-Weimar-Eisenach (7. August 1858), Waldeck (10. Juli 1854), Hamburg (31. August 1847), Bremen (10. Juli 1847) und Lübeck (31. August 1847) geschlossen.

Wir haben in großen Zügen, soweit es der Rahmen der vorliegenden Arbeit gestattet, die Entwicklung des Auslieferungswesens bis auf den heutigen Tag verfolgt. Wir haben gesehen, wie nur langsam und schrittweise der Gedanke des Auslieferungsverkehrs unter den Staaten Fortschritte gemacht hat. Auch heute kann die Entwicklung noch nicht als abgeschlossen betrachtet werden. Als nächstes erstrebenswertes Ziel muß bezeichnet werden, daß der Auslieferungsverkehr zwischen dem Deutschen Reich und Frankreich eine Neuordnung erfährt, die eine für alle deutschen Bundesstaaten einheitliche und gemeinsame Gestaltung mit sich bringt. Aber noch darüber hinaus muß den Bestrebungen, welche die Bildung eines internationalen Auslieferungsverbandes zum Ziele haben, größte Beachtung gezollt werden. Es steht zu hoffen, daß gerade jetzt durch die vom 14. bis 19. April 1914 zu Monaco stattgehabte „I. Conférence de police judiciaire“, auf deren Tagesordnung die genannte Frage stand, der Gedanke einer Schaffung von gemeinsamen, internationalen Auslieferungsgrundsätzen bedeutsame Förderung erfährt.

§ 19.

Die Einzelbestimmungen der deutsch-französischen Auslieferungsverträge.

Das Strafrecht wird beherrscht von dem Prinzip der Nichtauslieferung der Nationalen[1]. Demgemäß bestimmen die

[1] Vgl. Reichsstrafgesetzbuch § 9.

Auslieferungsverträge zuvörderst, daß die von dem betreffenden Bundesstaat nach Frankreich geflüchteten Individuen bzw. diejenigen Personen, welche von Frankreich nach dem betreffenden deutschen Bundesstaat geflohen sind und durch die kompetenten Gerichtshöfe als Urheber oder Teilnehmer der später aufzuführenden Auslieferungsdelikte zur Untersuchung gezogen oder verurteilt sind, ausgeliefert werden sollen, sofern es sich um Nationale handelt. Die Auslieferung soll auf Grund eines Antrages stattfinden, der von einer der beiden Regierungen an die andere im diplomatischen Wege gerichtet wird.

Die folgenden Artikel der Auslieferungsverträge zählen nach der Enumerationsmethode die einzelnen Auslieferungsdelikte auf. Es findet nur wegen solcher Delikte eine Auslieferung statt, die in den Auslieferungsverträgen ausdrücklich aufgeführt sind. Hinsichtlich der zu Auslieferungsdelikten gestempelten strafbaren Handlungen weichen die mit den einzelnen deutschen Bundesstaaten abgeschlossenen Verträge voneinander ab.

Der preußisch-französische Vertrag statuiert im wesentlichen die Auslieferung wegen Mordes, Notzucht, Brandstiftung, Meineids, Urkundenfälschung unter gewissen Voraussetzungen, Münzfälschung, schweren Diebstahls und betrügerischen Bankerotts.

Der zwischen Bayern und Frankreich abgeschlossene Auslieferungsvertrag ist bedeutend ausführlicher und enthält 26 verschiedene Deliktstatbestände, unter denen, abgesehen von den im preußisch-französischen Vertrag aufgeführten strafbaren Handlungen schwere Körperverletzung, Bigamie und Erpressung hervorzuheben sind.

In sämtlichen Auslieferungsverträgen zwischen den deutschen Bundesstaaten und Frankreich wird ausdrücklich hervorgehoben, daß wegen politischer Verbrechen und Vergehen eine Auslieferung nicht stattfindet [1]. Diese Maßnahme entspricht nicht strafrechtlichen, sondern politischen Erwägungen. Wollten die Staaten politische Delikte zu Auslieferungsdelikten machen, so kämen sie leicht in die Lage, ihre eigenen idealen und materiellen Interessen schädigen zu müssen. Kann man aber Bestrafung oder Auslieferung nicht prinzipiell und allgemein ge-

[1] Vgl. Art. 8 des preußisch-französischen und Art. 3 des bayrisch-französischen Vertrags.

währleisten, so ist ihre grundsätzliche und allgemeine Verweigerung geboten [1], schon aus dem Grunde, damit Reibungen und Konflikte vermieden werden. „In der konsequenten Durchführung eines Prinzips kann keine, wohl aber darin eine Beleidigung gefunden werden, daß man der einen Regierung verweigert, was man der anderen gewährt [2]."

Die Definition der politischen Delikte ist obendrein äußerst kompliziert. Das maßgebende Kriterium beruht darin, daß die betreffende strafbare Handlung „gegen Bestand und Sicherheit des eigenen oder fremden Staates oder gegen das Staatshaupt oder die politischen Rechte der Staatsbürger gerichtet ist" [3]. Dagegen kommt es auf das Motiv, welches den Täter zu der strafbaren Handlung veranlaßte, nicht an. Was für diese „absolut-politischen Delikte" bestimmt ist, muß auch gleicherweise für die sogenannten „relativ-politischen Delikte" Geltung haben. Das sind strafbare Handlungen, die an und für sich unpolitischer Natur sind, aber mit einem politischen Delikt in Verbindung stehen und zu dessen Verwirklichung oder Vorbereitung dienen [4].

Den absolut-politischen Delikten sind hinsichtlich der Frage der Auslieferung auch die komplex-politischen Delikte gleichzustellen, d. h. diejenigen strafbaren Handlungen, welche sowohl den Tatbestand eines gemeinen, wie eines politischen Delikts begründen [5]. Hiervon scharf zu trennen sind die Fälle, in denen der Täter erstens ein politisches und zweitens ein gemeines Delikt begangen hat. In diesen Fällen erfolgt Auslieferung wegen des gemeinen Delikts, eine Bestrafung wegen des politischen Vergehens ist ausgeschlossen [6].

Von dem den politischen Verbrechern gewährten Schutz ausgenommen sind nur die Königsmörder. Diese Sonderbestimmung hat ihren Ursprung in dem belgischen Gesetz vom 22. März 1856 und besagt, daß der Angriff auf die Person des fremden Staatsoberhauptes oder dessen Familienglieder weder

---

[1] Vgl. Lammasch, Auslieferungsrecht, S. 15.

[2] S. v. Bar, Internationales Privatrecht, S. 594.

[3] v. Liszt, Das Völkerrecht, S. 242.

[4] Vgl. v. Liszt, a. a. O. S. 243; Lammasch, a. a. O. S. 294.

[5] S. Delius, Das Auslieferungsrecht, S. 42.

[6] Vgl. Delius, a. a. O. S. 41.

als politisches Verbrechen oder Vergehen, noch als eine mit einem solchen Reate konnexe Handlung angesehen werden soll, wenn dieser Angriff sich entweder als Totschlag, Mord oder Vergiftung darstellt[1].

Unter den Delikten, die eine Auslieferungspflicht des Zufluchtsstaates nicht begründen, befinden sich ferner alle militärischen Delikte.

Auf die sonstigen Bestimmungen der Auslieferungsverträge einzugehen, scheint im Hinblick auf die uns allein interessierenden Rechtsverhältnisse der Fremdenlegionäre nicht geboten. Nur der eine Grundsatz bedarf noch der Erwähnung, der sich sowohl in Art. 5 des preußischen, wie in Art. 8 des bayrischen Auslieferungsvertrages mit Frankreich findet, daß ein Individuum, dessen Auslieferung begehrt wird, und welches in dem Land, wohin es sich geflüchtet hat, bereits wegen eines daselbst begangenen Verbrechens oder Vergehens zur Untersuchung gezogen oder verurteilt ist, erst ausgeliefert zu werden braucht, wenn es freigesprochen worden ist oder seine Strafe verbüßt hat.

Endlich sei noch erwähnt, daß auf Grund der Denkschrift, welche bei der Vorlage an den Reichstag dem Abkommen zwischen dem Deutschen Reich und Frankreich betreffend die Regelung der Vertragsbeziehungen zwischen Deutschland und Tunis vom 18. November 1896[2] beigegeben war, eine besondere Vereinbarung wegen der Auslieferung von Verbrechern aus Tunis vorbehalten war. Soweit ich feststellen konnte, ist jedoch diese Vereinbarung bis zum heutigen Tage nicht getroffen worden.

Mit den dargelegten Ausführungen dürfte der heutige Stand des Auslieferungsrechts für die Zwecke der vorliegenden Arbeit hinreichend klargestellt sein.

§ 20.

Die Handhabung der Auslieferungsbestimmungen hinsichtlich der Fremdenlegionäre.

Der gewaltige Fortschritt, den seit der Mitte des vorigen Jahrhunderts das Auslieferungswesen genommen hat, darf einer-

[1] S. Art. III Abs. 2 des bayrisch-französischen Auslieferungsvertrages.

[2] S. Reichsgesetzblatt von 1897 S. 7.

seits als ein Erfolg moderner Kultur und Zivilisation, wie namentlich auch als Frucht des immer mehr sich entwickelnden Völkerrechts bezeichnet werden. Auf der anderen Seite darf aber nicht verkannt werden, daß die Entwicklung nicht in verhältnismäßig kurzer Zeit einen so außerordentlichen Aufschwung hätte nehmen können, wären nicht zwingende Gründe vorhanden, die für unsere heutigen Verhältnisse ein fortgebildetes Auslieferungsrecht gebieterisch erheischen. Die wechselseitigen Interessen der Staaten, die gleichmäßig auf möglichste Unterdrückung der Verbrechen und Vergehen hinzielen, stimmen darin überein, daß begangene Delikte nicht ungesühnt bleiben dürfen, daß der Verbrecher sich nicht durch eilige Flucht ins Ausland der Bestrafung entziehe. Die Auslieferung findet nur statt, sofern die begangene Handlung nach dem Gesetz beider Staaten, des ersuchenden wie des ersuchten, strafbar ist[1]. Trifft dies zu, so ist zugleich bewiesen, daß für den konkreten Fall ersuchender und ersuchter Staat in ihrer sittlichen Auffassung harmonieren. Es ist daher nur ein dem Gefühl kultureller und zivilisatorischer Gemeinschaft entspringender Akt, daß die Auslieferung des Täters erfolgt.

Diese allgemein gültigen Erwägungen haben an und für sich, ebenso wie die Bestimmungen der Auslieferungsverträge, auch auf die französischen Fremdenlegionäre Anwendung zu finden. Ein Vorbehalt, der der Fremdenlegion hinsichtlich des Auslieferungsverkehrs eine Sonderstellung einräumte, findet sich in den Auslieferungsverträgen der deutschen Einzelstaaten mit Frankreich nicht. Daß die Auslieferung aus französischen Kolonien und Protektoratsgebieten in gleicher Weise wie aus dem Mutterland zu erfolgen hat, dürfte wohl keinem Widerspruch begegnen[2].

Nichtsdestoweniger ist die Sachlage bei den Fremdenlegionären grundverschieden von den Rechtsverhältnissen, die im übrigen für die Auslieferung von Verbrechern zwischen Frankreich und den deutschen Staaten bestehen. Die Fremdenlegion liefert nur in den seltensten Fällen aus, nämlich nur dann, wenn es sich um sehr schwere Verbrecher, wie um Mörder, handelt[3].

---

[1] S. v. Liszt, a. a. O. S. 243.

[2] Vgl. Lammasch, a. a. O. S. 91; Delius, a. a. O. S. 11.

[3] Vgl. Maiheft 1912 der Preuß. Jahrbücher S. 291; Bönniger, a. a. O. S. 139.

Diese Maßnahme ist nach allem, was an früheren Stellen über die Art der Rekrutierung von Fremdenlegionären, über das Erfordernis der Vorlage von Legitimationspapieren bei der Anwerbung gesagt worden ist, leicht erklärlich. Denn die Tendenz der Legion besteht ja gerade darin, solchen Individuen, die ihre Vergangenheit verbergen wollen, eine Unterkunft zu gewähren, wie auch auf der anderen Seite das Motiv, weshalb viele Legionäre in die Fremdenlegion eintreten, gerade darin besteht, daß sie eine Stätte zu finden hoffen, wo nicht nach ihrem Vorleben geforscht wird und sie sicher vor Verfolgung sind. Diese Umstände bedingen, daß die Auslieferungsbestimmungen, welche im übrigen zwischen Frankreich und den fremden Staaten in Geltung sind, auf die Fremdenlegion gewohnheitsmäßig keine Anwendung finden. Aber diese Notwendigkeit hat ihren Ursprung lediglich darin, daß das Institut der Fremdenlegion den Begriffen moderner Kultur und Zivilisation zuwiderläuft. Frankreich hat kein Recht, für die Fremdenlegion eine besondere Stellung in völkerrechtlicher Beziehung zu fordern, lediglich deshalb, weil die Einrichtung heute noch in einer veralteten Form besteht, die modernen Anschauungen nicht Rechnung trägt. Wenn diese Anpassung an unsere heutigen Begriffe von Recht und Zivilisation nicht möglich ist, ohne das Institut der Fremdenlegion von Grund auf zu renovieren oder gar die Legion aufzulösen, so dürfte dies das deutlichste Zeichen für Frankreich sein, daß die Reformen bzw. die Auflösung der Truppe ein Gebot der Zeit sind. Irgend eine Entschuldigung kann Frankreich in dieser Frage nicht für sich in Anspruch nehmen. Es muß verlangt werden, daß das gesamte Auslieferungsrecht, wie wir es im vorhergehenden dargestellt haben, ohne Einschränkung auf die Fremdenlegion zur Anwendung kommt.

Frankreich setzt sich durch sein Verhalten über die Errungenschaften moderner Kulturgemeinschaft in einer Weise hinweg, die doppelt unbegreiflich ist bei einem Lande, welches sich von jeher in zivilisatorischer Beziehung als bahnbrechend und führend betrachtet wissen wollte.

Es muß aber zum Schluß mit allem Nachdruck betont werden, daß die Nichtanwendung der zwischen Frankreich und den ausländischen Staaten, insbesondere den deutschen Bundesstaaten bestehenden Auslieferungsbestimmungen auf die Angehörigen der französischen Fremdenlegion einen Vertragsbruch, somit ein völkerrechtliches Delikt seitens der französischen Regierung darstellt, das geeignet ist, alle die Rechtswirkungen auszulösen, die ein solches nach völkerrechtlichen Grundsätzen im Gefolge hat[1].

Schlußwort.

Übersehen wir zum Schluß die Ergebnisse unserer Untersuchungen, so zeigt sich, daß für die schweren Vorwürfe und lauten Klagen, welche gegenüber der französischen Fremdenlegion erhoben werden, eine r e c h t l i c h e Grundlage sich allerdings nur in wenigen Fällen finden läßt. Die Anwerbeverträge der Legionäre können in Einzelfällen unwirksam sein, aus Umständen, die von Fall zu Fall nachzuweisen sind. Die Verweigerung der Auslieferung trotz Vorliegens eines Auslieferungsdelikts ist als Rechtsverletzung anzusehen. Endlich ist für diejenigen Fälle, in denen Legionäre deutscher Staatsangehörigkeit aus der Fremdenlegion entweichen und die deutsche Machtsphäre erreichen, die Ausübung eines Vergeltungsrechts am Platze, um die Heimbeförderung der deutschen Legionäre zu ermöglichen und ihre Rückgabe an die französischen Behörden zu verhindern.

Damit dürften im wesentlichen die rechtlichen Grundlagen für ein Vorgehen gegen die französische Fremdenlegion erschöpft sein.

Gegen das Bestehen der Fremdenlegion im allgemeinen, gegen die Anwerbung von fremden Staatsangehörigen, ja selbst gegen die Einstellung von Deserteuren fremder Staaten läßt sich vom juristischen Standpunkt aus nichts ausrichten. Ebensowenig geht es an, die Anwerbeverträge ganz allgemein für unsittlich und darum nichtig zu erklären.

Wollte man aber dieses Ergebnis dahin auslegen, daß in dem Streit für und wider die französische Fremdenlegion der französischen Auffassung der Sieg zufalle, so kann dem in keiner Weise beigepflichtet werden. Wir glauben in der vorliegenden Arbeit Gründe genug gefunden und geltend gemacht zu haben,

---

[1] Vgl. v. Liszt, Das Völkerrecht, § 24; Oppenheim, International Law I S. 198, 206 ff.; Ullmann, Völkerrecht, S. 147.

welche dazu berechtigen, eine Reformation der Fremdenlegion von Grund auf, wenn nicht ihre gänzliche Auflösung nachdrücklichst zu fordern. Diese Gründe zu wiederholen, wäre müßig. Das eine aber darf nochmals hervorgehoben werden, daß, wenn man in Frankreich glauben machen will, die Vorwürfe gegen das Institut der Fremdenlegion seien von Haß oder Parteilichkeit getragen [1], dies wahrlich nicht zutrifft. Sie wurzeln vielmehr in begründeter Empörung über die unwürdige Handlungsweise eines kulturell hochstehenden Volkes, das, sein Verhalten beschönigend, die Errungenschaften moderner Humanität und Zivilisation mit Füßen tritt.

[1] Vgl. Poimiro, La Légion étrangère et le droit international, S. 217.

FSC
www.fsc.org
MIX
Papier | Fördert
gute Waldnutzung
FSC® C083411

Kolibri 360 GmbH
Ferdinand-Jühlke-Straße 7
99095 Erfurt, Deutschland
produktsicherheit@kolibri360.de

Druck:
CPI Druckdienstleistungen GmbH
im Auftrag der
Kolibri 360 GmbH
Ferdinand-Jühlke-Str. 7
99095 Erfurt